상담 프로그램 영역 6

소년원 또래상담 프로그램

노성덕 · 정지연 · 명선희 · 김병관 공저

상 담 학 Best Practice 시리즈

학지사

발간사

"상담학은 상담에 관한 이론 연구뿐만 아니라 그 실천에 대한 연구 또한 중요하다."라는 명제에 대해 대부분의 상담학도들이 동의하리라 생각된다. 현재 우리나라에는 이미 수백 명의 상담학 전문가가 활동 중에 있으며 수천 명의 학생들이 전문가가 되기 위한 수련을 하고 있다. 우리 상담전문가들은 청소년, 교육, 복지, 기업, 군대, 법원, 진로개발 등 여러 분야에서 전문적 활동을 하면서 국가와 사회에 공헌하고 있다. 상담의 실제는 이미 다양한 분야와 영역에 걸쳐서 발전을 하고 있는 것이다.

'상담학 Best Practice 시리즈'는 실제 상담현장에서 수고하는 많은 상담전문가들의 실천 경험을 기반으로 하여 기존의 상담학 교재들의 이론 중심 내용에서 벗어나, 보다 실제적이고 상담현장에서 쉽게 적용해 볼 수 있는 사례중심의 실천적 상담교재라 할 수 있다. 상담학 Best Practice 시리즈는 상담기법 영역, 상담문제 영역, 상담 프로그램 영역, 상담자 전문성 개발 영역 등 총 4개 영역으로 구성되었다. 이론보다는 실제 사례를 통해 이론과 기법들이 사례에 어떻게 적용되는지 그

과정과 절차를 자세히 기술하여 상담자들의 실천적 지식을 높이고자 하였으므로, 상담학에 입문한 전공자나 학교 현장의 전문상담교사 그리고 전국의 청소년 관련 기관 상담전문가들에게 실제적인 도움이 될 수 있을 것이다.

이 시리즈는 한국상담학계에서 활발히 활동하고 있는 상담학 교수 및 박사들로 구성된 각 영역의 전문가들이 힘을 모아서 집필한 결실이다. 이 시리즈가 출간될 수 있도록 애써 주신 집필진 모두에게 편집위원회를 대표하여 진심으로 고마움을 전한다. 아울러 상담학 Best Practice 시리즈가 출간될 수 있도록 아낌없이 지원해 주신 학지사 김진환 사장님과 최임배 상무님을 비롯한 관계자 여러분께도 감사드린다.

2007년

상담학 Best Practice 시리즈 편집위원회 위원장

김계현

머리말

우리는 장발장 이야기를 알고 있다. 배가 고팠던 한 남자가 빵 한 개로 굶주림을 면해 보고자 했던 행동 때문에 억울하게 인생의 황금기를 교도소에서 보냈고, 출소 후에는 모범적인 삶을 살아 시장으로 당선되어 훌륭하게 활동하였음에도 교도소 출신이라는 딱지 때문에 모든 진정성이 오해를 받게 된다는 무척 서글픈 소설이다. 그러면서도 인간에 대한 새로운 시각을 가지게 하는 감동적인 소설이기도 하다.

어린 시절에는 모든 것이 자신의 통제 밖에 있다고 느낀다. 도대체 스스로 선택해서 할 수 있는 일이라는 것이 너무 없어 보인다. 하다못해 밥 먹고, 자고, 학교 다니는 것도 부모를 잘 만나야 자연스럽게 할 수 있는 그런 삶도 있으니 말이다. 성장기에 그런 운 없음과 순간적 실수, 또는 잘못 배운 의지 때문에 소년원이라는 울타리에서 생활하는 아이들이 있다. 어른의 행위에는 분명히 책임을 물을 여지가 충분히 많다. 하지만 스스로 통제할 수 있는 여지가 무척 적은 아이들에게 일방적으로 그 행동에 대해 책임을 묻기에는 뭔가 석연치 않은 것들이 많다.

그래서 소년보호 업무에 종사하는 사람들은 '억울한 아이 만들지 않으려고' 억척스럽게 애를 많이 쓴다. 인생의 첫 단추를 한 번 잘못 끼운 아이들에게 충분히 단추를 새로 끼울 수 있는 기회를 주기 위해 애쓰는 것이다. 때로는 그런 진정한 마음을 몰라주는 아이들과 마주하기도 하지만, 소년보호 전문가들과 이야기를 나누다 보면 아이에게 진심으로 다가가기 위해 헌신하는 마음을 쉽게 만나게 된다. 누가 알아주든 알아주지 않든 현장에서 아이들에게 자립, 자활까지 제공하고자 하는 뜨거운 눈물을 보게 된다.

그런데도 '아이들의 성숙하지 못한 태도, 부정적인 대인관계 문화, 외부 환경에의 부적응, 자립자활에의 실패와 좌절, 그리고 재범…….'이라는 상황에 직면하게 된다. 사람 사는 세상인지라 인간이 가진 문제들은 소년원 아이들도 다 가지고 있는 법인가 보다.

그 와중에 법무부 범죄예방정책국으로부터 소년원 또래상담 운영 연구에 대한 의뢰를 받았다. 당시 저자들은 안양시청 소년상담센터 소속 직원들이었고, 명선희 선생님은 서울소년원에서 아이들을 지도하고 있었다. 저자들 외에도 배희분, 신미라 선생님이 프로그램 운영에 함께했다. 그리고 파워포인

트 작업을 묵묵히 해 주신 안양교도소 김정섭 선생님도 이 프로그램의 중요한 기여자셨다.

범죄예방정책국에서는 또래상담 프로그램을 적용하여 아이들이 서로 돕는 문화를 소년원 내에 정착시키고 싶어 했다. 서로 돕는 문화는 결국 사회적응을 촉진시켜 재범을 방지하는 효과를 가져오리라 생각했다. 처음부터 투입에 비해 너무 큰 기대를 가졌으나, 또래상담이 제대로 소년원에 적용된다면 그런 결과를 가져올 것이라고 저자들은 믿고 있다. 당시 기존의 원내 반장을 '또래도우미'로 개칭하고 서울원에서 4개월가량 시범 운영했다.

이 책은 그 결과를 조금 더 정리하여 담은 것이다. 비록 시작에 불과하지만, 향후 소년원에 서로 돕는 문화, 자연스럽게 서로를 도우면서 성장하는 문화, 사회적응을 촉진시키고, 자립자활과 연결되어 궁극적으로 재범이 방지되는 효과를 가져오게 되기를 기대해 본다.

2010년 1월 눈 덮인 남산 아래서

저자 일동

차 례

1
또래상담의 기초

1. 또래상담이란

1) 또래상담의 정의

오늘날 '상담'이라는 단어는 우리나라 어디서나 쉽게 접할 수 있다. 상담은 하나의 전문 영역임에도 불구하고, 다양한 수식어를 첨부하여 사람을 대하는 장면에 자주 등장하는 하나의 트렌드가 되었다. 상담은 심리상담, 법률상담, 직업상담, 고객불만 상담 등 그 단어 앞에 어떤 수식어가 붙는가에 따라 그 의미가 매우 달라진다. 상담을 하기 위해 오랜 시간 동안 전문성을 갖추어야 하는 영역이 있는 반면, 산난한 매뉴얼과 며칠 간의 교육만으로 상담이 가능한 영역도 있다. 때문에 '상담'이란 용어를 놓고 다양한 관점에서의 논쟁이 벌어지기도 한다.

또래상담을 단순히 문자만으로 놓고 보자면 '상담' 앞에 '또래'라는 단어가 합쳐진 용어다. 또래상담이란 단어의 의미로 볼 때, 나이나 수준이 서로 비슷한 무리가 문제를 해결하거나 궁금증을 풀기 위하여 서로 의논하는 것을 뜻한다. 한편 또래상담을 전문적으로 다룬 논문이나 저서에서 언급한 또래상담의 정의를 보면, '또래'라는 활동 주체의 영역, 내담자의 대상, 상담 방법에서는 다양한 관점이 존재하지만 '또래의 지지적인

〈표 1〉 또래상담의 정의

상담자	활동 주체	활동 대상	활동 내용 및 방법
루시안(1977), 메이와 래드마셔(1982)	특별히 훈련받은 학생	다른 동료 학생	학업, 인성, 행동과 관련된 문제 돕기
그레이와 틴달(1978)	준전문가	다른 사람	다양한 대인 간 조력활동
롬바디와 카렉(1978)	또래학생	연령 차이가 3세 이내인 다른 학생	학교 적응문제, 직업문제, 개인문제 등을 돕기
배런호스트(1984)	대인 간 조력활동을 훈련받고 지도받은 학생	찾아오거나 의뢰된 비슷한 연령의 내담자	상담 제공
이형득과 김정희(1983)	특별히 훈련받은 재학생	정상적인 동료 학생	성장과 발달 및 인간관계 발달의 능력 촉진
홍경자와 김선남(1986)	상담전문가가 아닌 어느 정도 훈련받은 학생	다른 학생	문제해결에 도움을 주는 상담자 역할
김진희, 이상희 및 노성덕(1999)	비슷한 연령과 유사한 생활 경험 및 가치관을 가진 일정 훈련을 받은 청소년	주변에 있는 정상적인 또래	발달과정에서 경험할 수 있는 문제해결에 조력하며, 지지적인 도움 제공
이상희, 노성덕 및 이지은(2004)	훈련받은 사람	생활 현장을 공유하는 비슷한 연령대의 또래	지지적 관계를 맺고 도움주기

출처: 노성덕(2009). **학교 또래상담**. 학지사.

조력활동'이라는 의미를 부여함에서는 대체로 일치하는 견해를 보인다.

이러한 관점에서 봤을 때 또래상담은 전문적인 상담 영역에서의 활동이라기보다는 일상생활 속의 친구 관계에서 빈번하게 이루어질 수 있는 활동으로 이해될 수 있다. 즉, 또래상담이란 타인을 조력하는 데 관심을 가지고 있는 사람 중에 상담적인 방법으로 조력하는 훈련을 받고 다른 사람을 도와주는 활동이라고 할 수 있다(노성덕, 2008). 이를 소년원 또래상담에 적용하여도 의미에 큰 차이는 없다. 다만 또래상담이 활용되는 장소와 또래상담자가 누구인가의 문제, 그리고 대상의 특수성 등에서 약간의 차이가 있을 뿐이다.

2) 또래상담 시스템

앞에서 언급한 것과 같이 또래상담은 일상생활 속에서 친구관계를 통해 이루어질 수 있는 활동이다. 이러한 또래상담이 청소년들에게 줄 수 있는 긍정적인 효과는 많은 연구들을 통해 밝혀져 왔다. 또래상담자의 자기 발전은 물론 또래상담자 주변 친구들과 학급에 미치는 긍정적인 효과 등(금명자, 장미경, 양미진, 이문희, 2004) 많은 장점이 있지만, 이 책에서 강조하고 싶은 또래상담의 장점은 '현장상담 시스템'이라는 점이다(노성덕, 2008, 2009). 현장상담 시스템으로서의 또래상담 프로그램은 다음과 같은 강점이 있다.

(1) 쉬운 라포 형성

상담 초기에 라포 형성이 얼마나 이루어지는가에 따라 상담 성과가 좌우될 만큼 상담에서 라포 형성은 중요하다. 그런데 또래상담은 이미 관계가 형성되어 있는 친구 관계를 통한 접근이 가능하므로 상담전문가에 비해 라포 형성이 쉽게 이루어질 수 있다.

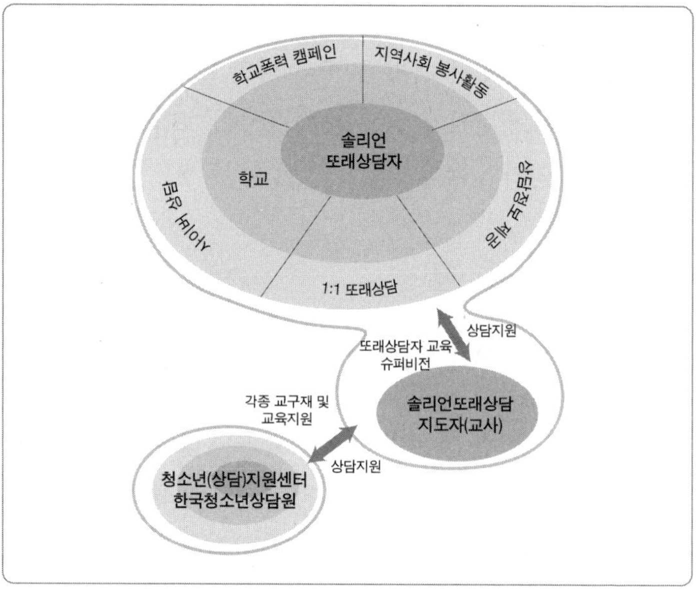

[그림 1] 솔리언또래상담 현장 체계도(지승희 등, 2007)

(2) 숨겨진 내담자 발견

통계청의 2009년 청소년 통계에 따르면, 지난 1년간 급우나 또래로부터 폭력피해를 당한 청소년이 피해사실을 알리는 대상은 친구(3.5%), 가족(2.9%), 교사 순이었으며, 상담실/전문기관은 0.2%에 불과한 것으로 나타났다. 이를 보면 도움이 필요한 청소년에게 일자적으로 접근하는 데 또래상담이 얼마나 효과적인지 알 수 있다.

(3) 상담전문가와의 연계

또래상담 프로그램에는 단순히 또래상담자만 있는 것이 아니다. 또래상담자를 지도할 수 있는 다양한 소속의 또래상담 지도자와 전문상담기관이 연계되어 있어 필요한 경우 또래상담자가 발견한 내담자를 상담전문가와 연계하여 지속적으로 개입할 수 있다.

2. 국내 또래상담 현황

1) 국내 또래상담 조직 및 현황

우리나라에서 또래상담이 본격적으로 시작된 시점은 1980년대로 거슬러 올라간다. 노성덕(2009)에 따르면, 당시 몇몇 대학의 학생생활연구소를 중심으로 전개된 이 제도는 집단상담 프로그램에 참여했던 대학생이 그 프로그램을 마친 후, 리더나 코리더로 집단상담을 운영하는 형태로 '동료상담'이라는 용어로 소개되었다(이관용, 김순화, 1983; 이형득, 김정희, 1983;

장혁표, 1986; 홍경자, 김선남, 1986). 이후 한국청소년상담원에서 1994년에 청소년용 또래상담자 훈련프로그램을 개발하면서부터 전국의 중 · 고등학교를 대상으로 또래상담 프로그램이 본격적으로 보급되기 시작하였다(금명자 등, 2004).

〈표 2〉 학교별 또래상담 프로그램 개설 현황

학 교	운영 형태	
	C.A.	기타 동아리
초등학교	37	44
중학교	293	213
고등학교	180	209
합 계	510	466

출처: 금명자 등(2004). **청소년또래상담**. 한국청소년상담원.

처음에는 또래상담자를 양성할 수 있는 또래상담지도자를 중심으로 보급하였으나 2000년에 들어서면서 그 규모가 전국적으로 확대됨에 따라 또래상담지도자를 양성할 수 있는 또래상담 전문지도자를 양성하고 그들에게 지도자 양성을 위촉하는 구조를 갖추어 조직적인 양상으로 프로그램이 보급되기 시작하였다.

그 결과 2008년까지 양성된 또래상담자 수는 6만 1,000여 명으로 추정되며, 9,500여 명의 또래상담지도자, 350여 명의 전문지도자가 배출되었다. 프로그램을 시행한 학교는 954개에 이른다. 중학교가 506곳으로 가장 많고, 고등학교 389곳,

초등학교 81곳 순이다(www.kyci.or.kr).

청소년의 하루 일과 중 높은 비중을 차지하는 학교에 또래상담이 가장 많이 보급되고 있으며, 전국 시 · 도 및 시 · 군 · 구에 있는 청소년(상담)지원센터 및 학교의 또래상담지도자들이 주축이 되어 프로그램을 운영하고 있다. 또래상담이 활발하게 보급된 지역에서는 학교 간의 모임인 또래상담자 연합회가 구축되어 또래상담자 캠프, 또래상담자 대회, 캠페인 등 조직적인 활동에까지 이르고 있다. 그 외에도 교회, 성당, 학원, 대기업, 상담기관 등 다양한 장면에서 또래상담은 활용되고 있다. 그리고 본 책에서 대상으로 다루고 있는 소년원에서도 2005년 시범 운영을 기점으로 또래상담 프로그램이 보급되고 있다. 이와 관련한 자세한 내용은 3장에서 다루도록 하겠다.

2) 또래상담 활동 프로그램

또래상담은 일차적인 상담 개입은 물론 더 나아가 여러 가지 활동 프로그램과 연계될 때 보다 효과적이다. 실제 또래상담이 운영되는 현장에서는 또래상담 활동 조직을 통해 많은 프로그램이 시행되고 있으며, 이를 통해 내담자의 문제해결은 물론 또래상담자의 자기 성장에도 좋은 결과를 가져오고 있다.

(1) 개인상담

일대일 대면상담, 채팅상담, 이메일 상담 등 다양한 형태로 실제 도움이 필요한 내담자와 개인상담을 진행한다. 진행 중인 사례를 일지에 기록하여 또래상담지도자를 통해 슈퍼비전, 사례 토의 등의 형태로 관리가 이루어진다.

(2) 집단상담

또래상담지도자 및 외부 전문가와 함께 집단상담 프로그램을 운영하기도 한다. 경우에 따라서는 또래상담자들만으로 집단 리더를 구성하여 또래 집단을 운영하기도 한다. 또래상담자의 집단상담과 성인의 집단상담의 효과에 차이가 있는지에 대한 연구도 진행되었는데, 결과는 비슷한 효과를 가져온다는 것으로 밝혀졌다. 이후 다양한 문제 유형별로 또래의 집단상담이 가져오는 효과 연구가 지속되고 있다.

(3) 신입생 학교적응 프로그램

일반 학교에서는 학기 초 신입생을 대상으로 선배 또래상담자들이 집단상담 형식으로 학교적응 프로그램을 시행하여 신입생들이 학교 생활에 적응하는 데 도움을 준다.

(4) 개별 학습지도

학습 부진으로 어려움을 겪는 내담자에게 또래상담자가 개인교사로 활동하여 문제를 해결할 수 있도록 돕는다.

(5) '사랑의 우체통' 운영

또래상담 동아리에서 상설로 '사랑의 우체통'을 운영하여 친구 생일 챙겨 주기, 힘들어 보이는 친구에게 엽서 보내기 등으로 주변 친구들을 격려한다.

(6) 기타

그 외에도 기관 축제기간 동안 심리극 공연, 간단한 심리검사 체험하기, 지역 복지기관과 연계한 봉사활동 전개, 전문상담기관 방문, 사회적 이슈에 대한 캠페인 전개 등 다양한 활동을 진행할 수 있다.

여기에서 소개한 활동들은 대체로 또래상담이 운영된다면 일반적으로 활용될 수 있는 것들이다. 소년원에서는 이 외에 독특한 활동들이 전개될 수 있다. 그에 대해서는 실제 프로그램을 소개하면서 또 5장에서 조금 더 언급하되, 많은 활동을 개발하는 것은 추후 과제로 남겨 두고자 한다.

2 대상청소년의 특성

본 프로그램의 대상이 되는 청소년 집단은 일반 또래상담 프로그램의 대상과는 구분되는 특징을 가지고 있다. 이들은 비행을 저지른 결과 소년보호 처분을 받고 소년원에 수용 중인 청소년들로 구성되어 있다. 2007년 12월 발간된 소년보호 통계에 따르면, 2006년 말 현재, 이들 중 64.8%는 편부, 편모 또는 조부모나 형제자매에게 키워졌거나 고아인 경우이고, 40.46%는 초 · 중 · 고등학교 중퇴자인 것으로 나타났다. 이들은 정상적인 가정에서 부모의 사랑과 관심을 받으며 무럭무럭 자라나는 이 시대의 꿈나무로 취급받기보다는, 사회 밑바닥에 내팽개쳐진 채 사회악의 뿌리로 낙인찍혀 자라나고 있는 소위 비행청소년들이다. 비행청소년도 여러 가지 부류로 나뉜다. 보통 학교에서 문제아로 취급되며 좌충우돌하면서도 무사히 학교를 졸업하는 아이들이 있는가 하면, 이러한 작은 문제행동들이 비행으로 발전하여 경찰의 조사를 수차례 받다가 결국은 검찰에 송치되어 보호관찰 명령을 받거나, 소년원에 수용되거나, 또는 소년교도소로 수감되기도 하는 청소년이 있다.

여기에서는 본 또래상담 프로그램의 대상이 되는 비행청소년의 특징에 대해 '비행'의 의미부터 자세히 알아보고자 한다.

1. 비행청소년의 정의

1) 비행이란

비행(delinquent)이라는 말은 라틴어의 '과오를 범하다.' '의무를 태만하다.'라고 하는 뜻에서 유래된 것으로 소위 '바람직하지 않은 행위'를 비행이라고 표현한다(김준호 등, 1994). 비행이라는 것은 본래 법률적인 용어로서 일정한 행위규범에 반(反)하는 행위나 인격적 태도를 지칭하는 것이다. 최근에는 법률에의 저촉 여부를 불문하고 공동의 가치체계를 침범하거나 그 위험성이 충분히 예측되는 것으로 대체적으로 보통 범죄라고 불리는 행위를 비롯하여 사회가 합의하고 있는 도덕적, 관습적 규준으로부터 일탈된 행위를 포괄하며, 자신과 타인의 안녕을 위협하는 일체의 행위를 비행이라고 정의하고 있다(유성경 등, 2000).

영(Young)은 비행의 개념에 대하여 "개인적, 사회적 붕괴의 위험성이 있는 행위"라고 정의했으며, 글룩과 글룩(Glueck, S. & Glueck, E., 1959)은 "특정한 시간과 장소에서의 법규범 및 법률

관계로부터 벗어나는 소년의 행동"이라 하였고, 타판(P. Tappan)은 "장래 비사회적인 행위를 할 위험을 표시하는 것"이라고 정의하였다. 사회학자인 뒤르켕(Durkheim)은 "비행이란 사회에 신체적, 정신적, 물질적 피해를 준 경우와 사회의 본질인 안정과 믿음에 피해를 주었을 때를 의미한다."(권이종, 1984)고 정의하였고, 와이너(Weiner)는 살인, 강도, 강간 등과 같은 강력범죄부터 흡연, 음주 등 경미한 일탈행위에 이르기까지 매우 다양한 행동을 비행이라고 정의하였다(장희주, 1997).

이처럼 비행이란 넓은 의미에서는 모든 반사회적 행위를 포함하는 개념이지만, 이 책에서는 사회적인 안녕에 피해를 주어 법제도하에서 보호처분을 받는 청소년의 반사회적 행위를 비행이라 정의하고자 한다.

2) 청소년의 정의

그러면 이러한 비행의 주체가 되는 '청소년'은 어떻게 정의해야 할까? 청소년을 의미하는 'adolescent'라는 말은 라틴어의 'adolescere'에서 어원이 나온 것으로, '성인으로 성장하는 모습(to grow up)' 또는 '성숙으로의 성장(to grow into maturity)'을 의미한다(김명규, 2001). 청소년기는 신체적 발달이 급격하고 새로운 심리적 적응을 추구하는 단계로, 아동기와 성인기 중 어느 쪽도 완전히 소속되지 못하는 불투명한 과도기적 시기다. 청소년기는 신체적, 정서적, 도덕적, 사회적 발달단계로

감수성이 예민하여 개체적, 사회적 환경의 영향을 받기 쉬우며, 가소적이고 불안정한 주변인적 시기다.

청소년의 경우 이러한 주변인적 성향 때문에 범죄에 빠져들기 쉽지만 그 치유 가능성도 성인범의 경우보다는 높고 반드시 치유되어야 한다는 사회적 필요성이 크기 때문에, 국가적으로도 청소년 비행에 대해서는 관대하고 개방적인 보호처분을 부과해 왔다. 그러나 최근 청소년 비행의 흉포화, 조직화, 저연령화 경향으로 2007년 12월 「소년원법」이 「보호소년 등의 처우에 관한 법률」로 개정되어 2008년 6월 시행되었으며, 이에 따라 법률적인 청소년의 연령이 '12세 이상'에서 '10세 이상'으로 하향 조정되었다.

2008년 통계청 자료에 따르면, 우리나라는 하루 평균 370쌍이 이혼하는 이혼율로 세계 3위에 이른 국가다. 자연히 청소년은 가족해체 현상으로 거리에 내몰리게 되고, 따뜻한 가정에서 온전한 인격이 형성되기 전에 자극적인 각종 미디어에 노출되어 아무런 죄책감 없이 성인의 흉악범죄를 모방하기에 이르는 경우가 많아졌다. 2007년 청소년백서에 따르면, 2006년 징계조치된 6,267명의 초 · 중 · 고등학생 중에서 고등학생은 34.3%(2,152명)인 반면, 중학생은 62.0%(3,937명)로 비행의 저연령화가 증가되는 추세다.

그동안 법률의 부재로 12세 미만의 청소년은 흉악한 비행을 저질러도, 심지어 마땅한 보호자가 없어도 훈방조치 될 수밖에 없었으며, 이는 재비행의 발판이 되어 왔다. 이러한 청소년을 건전 육성하고 그들의 범죄행위에 대해서는 국가가 보호자가 되어 부모 대신 보살피고 교육을 실시해야 한다는 국친 사상의 이념을 기본으로 2007년 「소년원법」이 개정되었다.

법적으로 지칭하는 청소년 범죄는 「소년법」 제4조 제1항 제1호 및 제2호에 정한 10세 이상, 19세 미만의 소년에 의한 범죄행위와 10세 이상 14세 미만의 소년에 의한 촉법행위를 말한다. 「청소년보호법」에서 청소년은 만 19세 미만의 자를 말한다. 따라서 이 책에서도 역시 청소년의 연령은 법률적인 관점에서 규정하는 청소년인 10세 이상 19세 이하 청소년으로 규정하고자 한다.

2. 비행청소년의 특징

1) 심리적 특징

(1) 낮은 자존감

비행청소년은 자기에 대한 만족 및 수용 정도가 낮아 자신이 다른 친구들보다 열등하며 쓸모없고, 사랑받을 만한 존재가 아니라고 느낀다. 그동안 저지른 비행으로 대부분 교사 및 학교체제와의 갈등을 경험해 왔기 때문에 자신을 불행하다고 생각하는 경향이 높으며, 학교나 사회에 대해서 부정적인 생각을 많이 가지고 있다(Rigby & Slee, 1993).

이와 같은 낮은 자아개념은 비행청소년들로 하여금 다양한 문제행동에 참여하도록 한다. 이들은 자신의 존재가치를 인정해 주면 어떠한 행동이든 하려는 경향을 가지고 있다. 한 예로, 자아개념이 낮은 여자 청소년이 또래로부터 거부를 당하면 다른 사람과 애정 없는 성관계를 맺을 수도 있게 된다(Kaplan, Smith, & Pokorny, 1979). 낮은 자존감 때문에 집단에 소속해야 안전하다고 믿으며, 또래집단에 소속되기 위해, 또는 소속감을 유지하기 위해 집단에서 시키는 일은 그것이 비행일지라도 위험을 무릅쓰고 성취하려는 성향을 보인다. 따라서 이처럼 낮은 자존감을 지닌 청소년이 또래상담 프로그램을 통해 자신의 문제해결뿐 아니라 같은 고민을 가진 친구를 돕는 상담자로 역할하게 된다면, 문제해결에 따른 정서적 안정과 함께 타인을 도움으로써 얻게 되는 성취감 및 자존감 고취를 기대할 수 있다.

(2) 공격성 및 충동성

비행청소년은 감정과 욕구 조절능력이 부족하여 타인이 받는 고통을 전혀 염두에 두지 않고 자신의 공격적이고 쾌락추구적인 충동을 즉각적 행동으로 옮기려는 성향을 보인다. 이들은 생리적인 특징이나 정서적 불안정으로 주의가 산만하고, 주의집중력이 결여되어 있으며, 안정적이지 못하여 쉽게 흥분하고, 자극에 예민하게 반응하는 경향을 보인다. 특히 아동기에 과잉행동장애 및 주의력결핍장애, 품행장애, 낮은 지능지수를 보인 경우가 많다(Cantwell, 1980). 이들은 자신의 욕구가 억압되었을 때 나타나는 자연스러운 반응인 분노, 반항, 좌절의 부정적인 감정을 긍정적으로 표현할 수 없는 분위기 속에서 성장하여 이러한 감정에 휩싸일 경우 앞으로 일어날 일에 대해 생각 없이 충동적으로 행동하기도 한다. 따라서 공격성 및 충동성향이 높게 나타나는 청소년인 경우는 그 원인을 분석하여 공격성향을 개선한 후에 또래상담자로 양성하는 것이 바람직하다.

(3) 관계형성 능력의 부족

비행청소년의 경우 어린 시절에 부모로부터 심각한 거절을 경험한 경우가 많은데, 이와 같이 어린 시절부터 부모의 애정과 관심을 박탈당했다든지, 부모나 의미 있는 타인을 상실했든지 등의 외상경험으로 타인과의 의미 있는 관계를 맺지 않으려고 하는 경향을 나타내기도 한다. 또한 반복적인 비행과정에서 부모, 교사와 경찰 등 사법부 관련자들로부터 차별대우, 인격적 멸시, 폭행 등 부정적 경험이 쌓이게 되고 이를 통해 권위인물에 대한 불신이나 적개심이 발전되기도 한다. 이런 이유로 타인으로부터의 배려와 양육을 거의 기대하지 않거나(Weiner, 1982), 타인의 배려와 양육에 대해서 불신하거나 두려워할 수 있거나 소극적일 수 있다. 이는 소년원 청소년의 경우도 많이 나타나는데, 부모가 없는 청소년이 소년원을 퇴원하는 경우 이들의 사회정착을 위해 각종 사회단체나 종교단체의 자원봉사자들이 보호자가 되어 거주지를 마련해 주기도 한다. 그러나 많은 경우 봉사자와의 긍정적인 관계를 맺지 못하고, 도움의 손길을 불신하며 스스로 떠나는 경우가 많다. 또래상담은 나와 또래 친구들과의 역동적인 관계 속에서 문제해결을 돕기 위해 조력하는 프로그램으로, 운영 중에 또래 친구들 및 또래상담지도자와의 관계가 자연스럽게 형성되며 더 나아가 타인 간의 관계형성까지 조력해 줄 수 있는 또래상담자를 양성하는 프로그램이다. 혼자 외톨이로 떨어져 지내던 청소년도 또래상담 프로그램에 참여하면서 소속감을 갖게 되고, 더 나은 상담방법을 함께 공유하면서 자신의 관계형성뿐 아니라 타인의 관계형성 능력까지 향상시킬 수 있는 능력을 배양할 수 있다.

(4) 공감능력의 부족

비행청소년은 자신의 공격성을 통해 성공을 성취한다고 확신하며, 타인이 받을 고통과 피해의 가능성에 대해서는 거의 의식하지 않는다. 타인에 대한 공감능력이 부족하고 기본적으로 양심의 발달이 부족하기 때문에 타인의 권리나 감정을 짓밟으면서도 전혀 죄의식을 경험하지 못하고 자신의 행동을 정당하다고 받아들인다. 이들은 자신의 증오와 분노를 피해자에게 투사하고, 피해자가 무엇을 느끼든 가해자는 피해자의 감정을 분노와 증오로 돌리게 되어 피해자에게 공격을 가한다. 이들은 어린 시절 부모로부터 거절을 경험했거나 애정과 관심을 충분히 받지 못하여 타인의 감정을 공감하는 능력, 대인관계에서 온정과 동정에 대한 능력을 개발하지 못한 것이다. 피해자에 대한 공감뿐 아니라 가족과 친구에 대한 공감능력 역시 부족하여, 자신의 비행으로 부모와 가족이 느끼게 될 고통에 대한 배려가 없으므로 소년원 퇴원 후에도 비행집단과 어울리고 재비행을 저지르기도 한다.

이러한 청소년들이 소년원 또래상담의 과정을 통해서 자신의 고통을 개방하고 타인의 고민을 나눔으로써 자신과 타인의 감정을 인지하게 되고 공감의 형성대가 점차 넓어지면서, 더 나아가 가족 및 피해자 등 제 3자의 아픔을 지각함으로써 재비행 예방에도 효과가 높을 것으로 기대된다.

(5) 장기조망능력의 부족

비행청소년은 삶이나 미래에 대한 장기적인 계획이나 목표를 수립할 수 있는 장기적인 조망능력이 부족하다(Schalling, 1978). 이들은 자신의 비행결과가 자신에게 어떠한 영향을 미칠지 충분히 고려하지 않고 행동하는 경향이 있는데, 미래를 고려하지 않은 '지금 이 순간'을 살아가는 충동적인 성향에도 그 원인이 있다 할 것이다. 소년원 청소년들과의 상담과정에서 흔히 드러나는 성향 중 하나로, 이들은 내일이나 다음 주, 한 달 뒤 자신의 모습을 생각하지 않고, 오로지 현재 남들에게 비춰질 자신의 겉모습에만 관심이 집중되어 있다. 그러한 이유로 친구 또는 다른 사람에게 멋지게 보이고 싶은 마음에 비행도 서슴지 않게 되고 소년원에 입원 후에도 자신의 미래를 염려하기 보다는 현실적 불편함에 괴로워한다. 이들은 자신의 미래에 대해 부모나 교사와 앉아서 이야기하거나 혼자 생각해 본 경험이 없다. 어느 누구도 그들의 미래에 대해 진심으로 걱정해 준 적이 없기 때문에 자신의 미래에 대해 스스로도 무관심하다. 심지어는 자신을 알아봐 주는 조직폭력배 형님들을 위해 짧고 굵게 살다 죽어도 좋다고 이야기하기도 한다. 자신에게 미래가 계획되어 있지 않기 때문이다. 언제 어떻게 될지 모르는 불안한 이들에게 고등학교 졸업과 대학 진학, 취업과 결혼은 남의 일인 것이다. 이 청소년들에게도 미래와 희망이 있고, 그들을 염려하는 가족이 있으며, 다른 친구들처럼 고등학교 졸업장과 대학 진학이 현실적으로 가능하다는 것을 일깨워 줄 계기가 절실히 필요하다.

어린 시절부터 자신의 미래에 대해 생각해 보지 않았다면, 이제라도 조용히 앉아서 자신의 1년 뒤, 5년 뒤, 10년 뒤의 모습에 대해 생각해 보는 시간을 갖는 것이 필요하고, 미래에 이루고 싶은 자신의 모습을 위해 바로 내일부터 해야 할 일을 계획하여야 한다. 오늘, 내일, 이번 주의 할 일들을 계획하면서 1개월 뒤, 1년 뒤의 내 모습까지 떠올릴 수 있고, 미래가 희망으로 가득할 수 있게 된다. 이처럼 장기조망능력이 부족한 청소년은 또래상담과 같이 주변의 친구와 교사 등의 지속적인 관심과 배려를 받는 프로그램을 통해 그 문제점을 해결할 수 있다.

(6) 가치관의 혼란

청소년기에는 새로운 생활에 적응하는 과정에서 새로운 가치관과 기존의 가치관 사이에 갈등을 경험할 수 있는데, 보통 시간의 활용, 귀가시간, 학업, 진로, 놀이 부분에서 가치관의 혼란을 경험한다. 예를 들면, 어린 시절 부모로부터 학습한 도덕적인 관념이 또래 집단에서 배타적으로 받아들여질 때, 또래집단에 소속되기 위해 기존의 도덕적 가치를 부정해야 할 때 가치관의 혼란이 있을 수 있으며, 이러한 경험이 반복되면 사회규범 전반에 대한 가치관의 혼란이 비행을 야기할 수 있다. 소년원 청소년들의 경우 많은 수의 청소년들이 어린 시절 가정과 학교로부터 외면당하고 바람직한 롤 모델(roll model)의 부재로 긍정적인 가치관 형성이 어려운 환경에 방치된 경우가 많다. 이때 또래상담 과정에서 비슷한 혼란을 경험하고 있거나 경험한 적이 있는 또래들로부터 바람직한 가치관을 형성해 나갈 수 있는 과정을 함께하여, 서로 간의 상담을 통해 보다 효과적이고 긍정적인 방법으로 가치관을 정립해 나갈 수 있는 계기를 마련하게 된다.

(7) 문제해결능력의 부족

일반집단에 비해 비행청소년은 대인관계, 가정, 이성관계, 건강과 용모, 가치관, 가정 경제적 영역에서 더 많은 스트레스를 경험한다. 이는 그들의 환경이 일반집단에 비해 안정적이지 못하기 때문에 상대적으로 더 많은 스트레스를 경험하는 것이기도 하다. 비행청소년은 학교에서도 낮은 학업성취도에 따른 학습스트레스, 교사와의 갈등, 친구들과의 경쟁, 교칙문제, 차별대우 등으로 심한 스트레스를 받고 있으며, 비행 유혹에 대한 거절 및 주장능력도 부족한 것으로 나타났다. 이들은 또래 집단이나 사회 내에서 적절한 롤 모델을 통하여 스트레스 상황을 분명하게 인식하고 직면하여 대처하는 방법을 학습한 경험이 적으므로 이를 해결할 능력 또한 떨어지는 것이다. 또래상담 프로그램을 통해서 내가 가진 문제나 내 친구가 직면한 문제를 해결하기 위해 한 단계씩 순차적으로 노력하다 보면, 친구와 선생님의 도움을 구하게 되고, 다각적인 조력을 통해 문제가 해결될 수 있다는 긍정적인 경험을 갖게 된다. 이러한 긍정적인 경험이 누적되어 더 큰 문제를 해결할 수 있는 내공이 쌓이면서 문제해결능력이 향상될 수 있다.

2) 사회적 특징

많은 학자들은 비행청소년의 공격성 및 충동성이 가정과 학교에서 일어난 부정적인 학습의 효과라고 주장한다. 베른슈타인과 왓슨(Bernestein & Watson, 1997)은 폭력을 저지른 비행청소년은 기본적으로 충동적이고, 타인에 대한 지배욕이 크며, 보호자로부터 공격적 행동을 학습받았기 때문에 또래폭력을 행사한다고 보았다. 가정에서 부모나 형제로부터 공격적인 행동을 학습하기 때문에 학교에서도 자신을 드러낼 수 있는 수단으로 자연스럽게 공격적 행위를 사용한다는 것이다.

부모, 교사로부터 폭력적 훈육을 경험한 학생은 폭력에 대해 우호적인 정의(favorable definition)를 발전시키는데, 이는 폭력문화를 쉽게 받아들이게 한다. 폭력에 대한 우호적인 태도는 폭력의 피해와 가해 가능성을 높여 주며, 폭력에 대해 보다 허용적으로 받아들이게 한다. 피해경험을 통해 가해자가 되기도 하는데, 결국 이러한 폭력문화의 학습 정도가 폭력에 대한 개인의 심리기제를 형성한다. 따라서 긍정적인 교육 및 훈련의 부족은 낮은 자기통제(low self-control)로 이어져 범죄행위로 연결되는 것이다(Gottfredson & Hirschi, 1990).

(1) 부모의 양육태도

비행청소년들은 대부분 학교나 또래 집단 내에서는 가해자이지만 가정에서는 피해자인 경우가 많다. 이들의 부모는 자녀교육의 훈육수단으로 물리적 방법을 선호하고, 자녀에게 거부적이며, 일관적이지 못한 양육태도로 지도감독을 소홀히 하는 경우가 많다. 아울러 자신에게 해를 입히는 대상에 대해 보복하라고 가르치는 부모를 둔 경우도 비행청소년이 될 가능성이 높은 것으로 알려져 있다(Frazer, 1996). 특히 어머니의 무관심, 냉대, 거부, 자녀양육에 대한 아버지의 비참여, 공격적 행위에 대한 어머니의 허용적 태도, 자녀에 대한 신체적 처벌, 협박, 폭력적인 분노폭발과 같은 부모의 권력적 훈육방법 등은 청소년기의 자녀가 공격적인 행위를 범하게 하는 중요한 원인으로 지적되고 있다(Olweus, 1996). 즉, 부모의 올바르지 못한 자녀양육방법과 태도는 사회적 목표를 성취하기 위해서 공격적인 방법을 사용하라고 자녀를 훈련시키는 것과 같은 것이다(Frazer, 1996). 그 밖에 부모와 자녀 사이의 갈등, 부모의 이혼, 범죄성향을 지닌 부모나 형제와의 관계 등이 청소년의 비행성향에 영향을 미친다(Graham & Bowling, 1995).

(2) 학교에서의 부정적 경험

청소년기에 들어서면서 공격적 행동의 획득은 가족의 영향보다는 가족 외부의 환경적, 체계적 요인으로부터 보다 직접적으로 많은 영향을 받는다(Patterson, 1992). 우리나라 청소년의 경우 가족 외부의 환경이라 함은 대부분 학교사회를 의미하는데, 집보다 더 많은 시간을 함께하는 학교 또래집단과의 경험이 청소년의 성격형성에 영향을 미치는 것은 당연한 일이다. 소년원 입원 청소년 대부분의 부모가 주장하는 '우리 아이는 착한데, 친구를 잘못 만나서…….'가 어느 정도 설득력을 얻는 부분이기도 하다.

비행청소년의 경우 낮은 자존감과 불우한 가정형편 때문에 대부분 학업성취도가 낮으며, 상대적으로 성적이 높은 학생들에 비해 잃을 것이 적으므로 비행이나 부정적인 행동에 접근할 가능성이 높아진다(Walklate, 2003). 이들은 불안감을 덜기 위해 무리를 지어 다니며 일탈을 경험하고, 반복되는 비행에도 그다지 죄책감을 느끼지 않으며, 무리에서 인정받기 위해 더한 비행도 저지른다. 학교에서의 경험을 바탕으로 지역사회로 그 무대를 넓혀 가면서 사회 내 문제아로 낙인찍히기 시작하는 것이다.

그러므로 이러한 청소년들이 소년원에 입원하게 되면, 일반학교에서와는 달리 자신과 비슷한 가정, 사회적 환경을 가진 친구들에게 둘러싸이면서 동질감과 심리적 안정을 찾기도 한다. 양부모 슬하에서 자란 모범생과 비교될 필요가 없기 때문이다. 비행청소년이라는 심리적 공동체의식을 갖게 되면서 일반학교에서와는 달리 또래상담 프로그램에도 쉽게 동화될 수 있고, 자신과 같은 처지의 또래를 돕기 위한 프로그램이라는 구조에 관심을 보이게 된다. 비행청소년의 프로그램의 참여도 역시 일반학교에서 실시한 경우보다 높다.

3. 우리나라 청소년비행의 현황

1) 청소년범죄 현황

지난 5년간 총 범죄는 매년 증가 추세를 보이다가 2005년에 감소한 후 다시 증가한 반면, 청소년 범죄는 2003년에 총 범죄 대비 4.3%였던 것이 2004년, 2005년에는 3.6%까지 감소하였다가 2007년에 다시 4.6%로 증가하였다.

〈표 3〉 총 범죄 대비 청소년범죄 구성현황

(단위: 명, %)

구분 \ 연도	2003	2004	2005	2006	2007
총 범죄	2,441,267	2,606,718	2,384,613	2,401,537	2,548,010
청소년범죄	104,158	92,976	86,014	92,643	116,135
구성비율	4.3	3.6	3.6	3.9	4.6

출처: 보건복지가족부(2008). **아동 · 청소년백서**. 보건복지가족부, p. 312.

2) 청소년범죄 유형별 현황

2008 아동 · 청소년백서에 따르면, 2007년 청소년 범죄 유형별 분포상황은 재산범이 36.8%로 가장 많았고, 폭력범 27.5%, 교통사범 23.7%, 살인 · 강도 · 강간 등의 강력범 2.7% 순이었다.

〈표 4〉 청소년범죄 유형별 현황

(단위: 명, %)

구분 \ 연도	2003	2004	2005	2006	2007
계	104,158 (100)	92,976 (100)	86,014 (100)	92,643 (100)	116,135 (100)
강력범	2,803 (2.7)	2,809 (3.0)	2,141 (2.5)	2,761 (2.9)	3,120 (2.7)
폭력범	33,361 (32.0)	29,925 (32.2)	27,641 (32.1)	27,475 (29.7)	31,920 (27.5)
재산범	36,047 (34.6)	32,486 (34.9)	32,469 (37.7)	35,501 (38.3)	42,770 (36.8)
교통사범	26,263 (25.2)	22,623 (24.3)	18,854 (22.0)	19,642 (21.2)	27,562 (23.7)

지적재산권 침해사범	192 (0.2)	163 (0.2)	444 (0.5)	926 (1.1)	3,492 (3.0)
기 타	5,492 (5.3)	4,970 (5.4)	4,465 (5.2)	6,338 (6.8)	7,271 (6.3)

출처: 보건복지가족부(2008). **아동 · 청소년백서**. 보건복지가족부, p. 313.

3) 청소년범죄 연령별 현황

2006년도 청소년범죄자의 연령별 현황을 보면 16~17세 35.3%, 18~19세 32.5%, 14~15세 31.6%, 14세 미만 0.6%로 나타났다. 18~19세 범죄소년은 2002년 44.8%에서 2006년에는 32.5%로 12.3%가 낮아진 반면, 14~15세 범죄소년은 2002년 20.5%에서 2006년에는 31.6%로 11.1%가 높아졌다.

〈표 5〉 청소년범죄 연령별 현황 (단위: 명, %)

연령별 \ 연도		2002	2003	2004	2005	2006
계 (%)		115,423 (100)	96,085 (100)	72,770 (100)	67,478 (100)	69,211 (100)
14세 미만	인원	1,753	1,423	676	523	400
	%	1.5	1.5	0.9	0.8	0.6
14~15세	인원	23,656	21,857	15,899	18,761	21,884
	%	20.5	22.7	21.9	27.8	31.6
16~17세	인원	32,826	32,091	22,788	22,785	24,454
	%	33.2	33.4	31.3	33.8	35.3
18~19세	인원	51,728	40,719	33,407	25,409	22,473
	%	44.8	42.4	45.9	37.6	32.5

출처: 법무부(2007). **소년보호통계**. 법무부 소년보호과, p. 11.

4) 학생범죄 연도별 현황

학생범죄는 2002년 59,313명에서 2004년 42,975명으로 급격히 감소하다가 2005년부터 증가 추세를 보이고 있으나, 전체 소년범에서의 학생범죄 구성비율은 2002년 51.4%에서 2006년 68.2%로 16.8% 증가하는 등 매년 꾸준히 증가하고 있다.

〈표 6〉 학생범죄의 연도별 현황 (단위: 명, %)

구분 \ 연도	2002	2003	2004	2005	2006
전체 소년범	115,423	96,085	72,770	67,478	69,211
학생범	59,313	54,135	42,975	43,823	47,188
학생범죄구성비율	51.4	56.3	59.1	64.9	68.2

출처: 법무부(2007). **소년보호통계**. 법무부 소년보호과, p. 12.

4. 비행청소년 사법처리절차

본 프로그램의 대상자들은 일반학생들이 경험하지 못한 특별한 과정을 거쳐 보호처분을 받게 되는데, 이들이 거쳐 온 사법처리기관은 경찰, 검찰, 법원 등이 있다.

1) 경찰

10세 이상 14세 미만 형사미성년자(촉법소년)가 발견되면, 경찰에서는 범죄내용과 신상관계, 환경 등을 조사하여 가정법원 소년부에 송치하고 14세 이상 범죄소년은 형사사건으로 검찰에 송치한다. 경찰은 1986년부터 소년수사전담반을 구성하였고, 2003년에는 범죄심리사 등의 전문가를 소년범 조사 시 참여시켜 재범 위험성 등에 대한 검사를 실시하고 있다.

최근에는 회복적 사법의 일환으로 조정전문위원을 영입히여 피해자와 가해자 간의 중재와 조정을 돕고 있으며, 당사자 간 최종합의를 통해 경찰 단계에서 사건을 종결시키고자 제도를 도입, 시범 운영 중에 있다.

2) 검찰

2007년 소년범죄에 대하여 검찰이 처리한 내역을 보면, 소년범죄자 11만 5,990명 중 구공판 3.9%, 구약식 8.1%, 기소유예 49.2%, 소년부송치 23.2%로, 이를 전체 범죄의 기소유예율 20.2%와 비교하면 소년범죄의 기소유예율이 29%나 높다. 이는 소년범죄에 대해서는 일반범죄와 달리 처벌보다는 부모나 학교에서 선도하는 것이 바람직하다는 판단에서 관용으로 처리한 결과라고 볼 수 있다.

3) 소년분류심사원

소년분류심사원은 「소년법」 제18조 제1항 제3호의 규정에 따라 가정법원 또는 지방법원 소년부에서 위탁한 소년을 수용 · 보호하고 이들의 자질과 비행원인을 과학적으로 진단하여 그 결과를 법원소년부에 보내 조사 · 심리 시에 참작하도록 하며, 소년원 · 보호관찰소에 처우지침을 제공하고 보호자에게 사후지도 방법을 권고하는 기능을 수행하고 있다. 1977년 서울소년분류심사원이 처음 개원하였고 소년분류심사원이 설치되지 않은 부산 · 대구 · 광주 · 춘천 · 전주 · 청주 · 제주 · 대전 · 창원 등 9개 지방법원 소재 지역에서는 소년원이 업무를 대행하고 있으며, 인천 · 수원 지역은 서울소년분류심사원에서 수용관리와 분류심사업무를 수행하고 있다.

최근에는 위탁소년의 분류심사업무 외에, 불구속 소년을 대상으로 한 보호소년 상담조사제, 검사의 기소결정전 조사 등의 업무를 병행하여 수행하고 있으며, 분류심사관 심리참여제도 등으로 보다 적극적인 국가 후견인으로서의 역할을 수행하고 있다.

4) 법원

소년법원에서는 경찰, 검찰, 법원에서 보내온 소년사건에 대해 비행원인을 조사 · 심리하여 보호처분을 결정하고 있다. 현재 소년법원은 서울가정법원, 대구 · 부산 · 광주에 지방법원 가정지원, 대전 · 춘천 · 청주 · 전주에 지방법원 소년부 등 8개소가 있다. 소년법원은 소년의 성격, 환경, 비행경위, 재비행성 여부에 대한 조사관의 의견과 분류심사원 분류심사관의 의견, 그 밖에 필요한 경우 관련 전문가의 조언 등을 참고하여 처분을 결정한다.

5. 비행청소년 보호처분

1) 보호처분제도의 의의

보호처분은 각각의 비행청소년을 대상으로 사회화가 잘못된 비행의 원인을 조사·연구하여 그 원인을 제거하거나 개선함으로써 비행청소년에게 적절한 재사회화의 기회를 주어 사회에 성공적으로 합류하도록 돕는 과정이다. 보호처분제도는 그 발생 원인에서 사회적 책임이론 및 사회복지 이념에 기초를 두고 있고, 그 효과의 측면에서도 소년과 사회를 보호하고자 하는 제도이므로 비행청소년에 대한 처우는 사회적 목적에 따라 각 소년의 비행원인별 특성에 맞게 처우하여야 한다. 이에 따른 소년보호처분의 원칙으로는 인격주의와 규범주의, 예방주의, 개별주의, 과학주의, 교육주의, 협력주의, 비공개주, 국친사상 등을 들 수 있다.

형사사법에서 소년범을 성인과 분리하여 취급하려는 소년사법의 움직임은 국가가 청소년에게 부모로서의 역할을 수행해야 한다는 국친사상(parents patriae)과 교육주의, 보호주의를 바탕으로 19세기 말 영국과 미국에서 전개되기 시작하였다.

기술한 것과 같이, 청소년은 정신적·육체적으로 미성숙하기 때문에 그 행위에 대한 비난 가능성의 측면에서 성인과 동일시될 수 없으므로 성인과 다른 특별한 절차를 통하여 그들의 행위를 규율할 필요가 있다. 따라서 형사처벌 대신 보호처분[1)]을 부과함으로써 범죄예방 및 교육을 통한 정상적인 인격의 형성과 성공적인 재사회화에 그 목적이 있다.

우리나라의 경우 1958년「소년법」제정 당시 보호주의 이념을 바탕으로 보호처분제도를 도입하였고, 2007년의 제 6차 개정에 이르기까지 그 이념을 지속적으로 실현하고 있다.

2) 보호처분의 유형

청소년 범죄는 크게 형사사건과 보호사건으로 구분하여 처리된다. 죄질이 중(重)하여 선도의 가능성이 매우 낮다고 판단되는 범죄에 대해서는 형사처분이 부과되고, 개선 가능성이 있는 경(輕)한 범죄에 대해서는 교육 및 재사회화를 목적으로 보호처분이 부과된다.

2007년 개정「소년법」제32조 제1항에는 "소년부 판사는 심리 결과 보호처분을 할 필요가 있다고 인정하면 결정으로써 다음 각 호의 어느 하나에 해당하는 처분을 하여야 한다."고 명시되어 있는데, 그 10가지 종류는 다음과 같다.

(1) 제1호: 보호자 또는 보호자를 대신하여 소년을 보호할

---

1) 여기서 보호처분이라 함은 사회방위 및 특별 예방적 목적으로 소년범이나 누범자 또는 심신장애자 · 약물중독 · 가정폭력행위자 등에 대해 가하는 보안처분을 말하며, 현행법상「소년법」「사회보호법」「가정폭력범죄의 처벌 등에 관한 특례법」에 따른 3가지 보호처분제도가 있다.

수 있는 자에게 감호위탁

(2) 제2호: 수강명령

(3) 제3호: 사회봉사명령

(4) 제4호: 보호관찰관의 단기 보호관찰

(5) 제5호: 보호관찰관의 장기 보호관찰

(6) 제6호:「아동복지법」에 따른 아동복지시설이나 그 밖의 소년보호시설에 감호위탁

(7) 제7호: 병원, 요양소 또는「보호소년 등의 처우에 관한 법률」에 따른 소년의료보호시설에 위탁

(8) 제8호: 1개월 이내의 소년원 송치

(9) 제9호: 단기 소년원 송치

(10) 제10호: 장기 소년원 송치

이들 중 제1호 · 제2호 · 제3호 · 제4호 처분, 제1호 · 제2호 · 제3호 · 제5호 처분, 제4호 · 제6호 처분, 제5호 · 제6호 처분, 제5호 · 제8호 처분 상호 간에는 일부 또는 전체를 병합하여 함께 처분할 수 있다. 제3호 사회봉사명령은 14세 이상의 소년에게만, 제2호 수강명령 및 제10호 장기 소년원 송치의 처분은 12세 이상의 소년에게만 부과할 수 있다.

제1호 · 제6호 · 제7호의 위탁기간은 6개월로 하되, 소년부 판사는 6개월의 범위에서 기간을 한 번 연장할 수 있으며, 제4호의 단기 보호관찰기간은 1년, 제5호의 장기 보호관찰기간은 2년으로 한다.[2] 이때 역시 소년부 판사는 보호관찰관의 신청

에 따라 1년의 범위에서 그 기간을 한 번 연장할 수 있다. 제2호의 수강명령은 100시간을, 제3호의 사회봉사명령은 200시간을 초과할 수 없다. 제9호 단기소년송치는 6개월을, 제10호 장기소년원 송치는 2년을 초과하지 못한다.

본 또래상담 프로그램은 제2호 수강명령 대상자 및 제4호·제5호의 보호관찰 처분을 받은 청소년, 제9호 단기 소년원 송치 및 제10호 장기 소년원 송치 처분을 받아 6개월에서 2년 동안 소년원 생활을 하게 되는 비행청소년이 그 대상이 된다.

3) (각종) 보호처분(의 집행)

(1) 소년원

소년원은 「소년법」 제32조 1항 제9호 및 제10호의 규정에 따라서 가정법원소년부 또는 지방법원소년부에서 보호처분에 따라 송치된 10세 이상 19세 미만의 범죄소년, 형벌법령에 저촉되는 행위를 한 10세 이상 14세 미만의 촉법소년, 성격 또는 환경에 비추어 형벌법령에 저촉되는 행위를 할 우려가 있는 10세 이상 19세 미만의 우범소년을 수용·보호하면서 「초·중등교육법」에 따른 학교교육과 직업능력개발훈련, 인성교육 등을 실시하여 완전한 사회복귀를 실현하는 것을 주 임무로 하고 있다(법무부, 2007).

---

2) 보호관찰 업무는 2009년 4월 현재 16개 보호관찰소와 35개 지소에서 그 업무를 담당하고 있다.

1958년 공포된 「소년법」에 따라서 소년원에서 초 · 중등 교육법에 따른 교육을 실시하게 된 소년원 교과교육은 소정의 교유과정을 마친 학생에게 종전에 재학했던 학교의 학교장 명의로 졸업장을 주고, 중노에 퇴원하는 학생은 일반학교에 전학 또는 편 · 입학시켜 학업이 단절되지 않도록 하고 있다.

2009년 3월 개정된 보호소년 처우지침[3]에 따르면, 전국의 9개 소년원의 교육과정은 인문계 중 · 고등학교, 직업능력 개발훈련, 인성교육, 특성화중학교와 의료재활처우 과정으로 분류된다. 전국 유일의 인문계 중 · 고등학교과정을 운영하는 서울소년원은 전적학교와의 전학, 편입, 입학 및 상급학교 진학을 위해 일반 중 · 고등학교 교과과정을 운영하는 동시에, 사진영상과 제과 · 제빵과정을 직업능력개발 훈련과정으로 병행하고 있다. 이 외에도 부산, 대구, 광주, 안양, 춘천소년원에서는 카일렉트로닉스, 자동화용접, 제과 · 제빵, 헤어디자인, 중장비, 건축환경설비, 미용, 피부미용, 사무자동화, 헤어디자인 등 각 기관별로 특성화된 직업훈련과정을 운영하고 있다.

도의교육, 종교교육으로 출발한 소년원 인성교육은 2000년대 들어와서 국토순례, 야영훈련, 문화예술교육, 공연관람, 사회봉사활동 등의 다양한 체험활동과 학생 개개인의 심리적 특성과 비행성향을 고려한 집단지도 및 집단상담 프로그램을 중심으로 이루어지고 있다.

---

3) 보호소년 처우지침 [별표 1], 법무부훈령 제677호 개정(2009. 3. 2).

〈표 7〉 전국의 소년보호교육기관 현황

구분	기관(학교명)	대 상	교육 과정
수도권	서울소년원 (고봉중 · 고등학교)	제9호 제10호	• 중 · 고등학교 교과교육 • 직업능력개발훈련(제과제빵 · 사진영상) • 보호자교육
	안양소년원 (정심여자정보산업학교)	제8호 제9호 제10호	• 중학교 교과교육 • 직업능력개발훈련(미용 · 피부미용 · 사무자동화 · 제과제빵) • 제8호처분자(女) 교육 • 보호자교육
	서울소년분류심사원	위탁	• 분류심사, 상담조사, 검사결정전조사 • 위탁소년 인성교육 • 보호자교육
강원권	춘천소년원 (신촌정보통신학교)	제9호 제10호 위탁, 조사	• 인성교육, 컴퓨터 · 검정고시 • 직업능력개발훈련(헤어디자인) • 분류심사, 상담조사, 검사결정전조사 • 위탁소년 인성교육 • 대안교육, 보호자교육, 청소년심리상담
중부권	대덕소년원 (대산학교)	제7호 제8호 제9호 제10호 위탁, 조사	• 의료 · 재활교육 • 제8호처분자(男) 교육 • 분류심사, 상담조사, 검사결정전조사 • 위탁소년 인성교육 • 대안교육, 보호자교육, 청소년심리상담
	청주소년원 ((가칭) 미평여자학교)	제8호 제9호	• 인성교육, 컴퓨터 · 검정고시 • 직업능력개발훈련(네일아트, POP)
호남권	전주소년원 (송천정보통신학교)	제9호 제10호 위탁, 조사	• 중학교 교과교육 • 컴퓨터 · 검정고시 • 분류심사, 상담조사, 검사결정전조사 • 위탁소년 인성교육 • 대안교육, 보호자교육, 청소년심리상담
	광주소년원 (고룡정보산업학교)	제10호 위탁	• 직업능력개발훈련(카일렉트로닉스 · 자동화용접 · 중장비 · 건축환경설비) • 분류심사, 위탁소년 인성교육, 보호자교육

영남권	대구소년원 (읍내정보통신학교)	제9호 제10호 위탁, 조사	• 인성교육, 컴퓨터 · 검정고시 • 직업능력개발훈련(제과제빵) • 분류심사, 상담조사, 검사결정전조사 • 위탁소년 인성교육 • 대안교육, 보호자교육, 청소년심리상담
	부산소년원 (오륜정보산업학교)	제10호 위탁	• 직업능력개발훈련(카일렉트로닉스 · 자동화용접 · 제과제빵 · 헤어디자인) • 분류심사, 위탁소년 인성교육, 보호자교육
제주권	제주소년원 (한길정보통신학교)	제8호 제9호 제10호 위탁, 조사	• 인성교육 • 컴퓨터 · 검정고시 • 8호처분자(제주권 男) 교육 • 분류심사, 상담조사, 검사결정전조사 • 위탁소년 인성교육 • 대안교육, 보호자교육, 청소년심리상담

2009년 현재 대구 · 대덕 · 춘천 · 제주소년원을 인성교육 전담 소년원으로 지정하여 운영하고 있고, 지속적인 개발 결과 총 30여 종에 이르는 인성교육 프로그램을 자체 개발 완료하였으며, 본 또래상담 프로그램 역시 한국청소년상담원과 함께 연구 · 개발하게 된 소년원학생 인성교육 프로그램 중의 하나다. 2009년 7월 1일 개청된 청주소년원 역시 제8호와 제9호 처분 여학생을 대상으로 인성교육 중심의 교육과정을 운영하고 있다.

이 외에도 병원, 요양소 위탁처분을 받은 청소년을 수용하여 의료 및 재활교육을 실시하며, 이와 함께 1개월 이내의 소년원 송치처분을 받은 청소년의 교육을 담당하는 대덕소년원, 특성화중학교과정을 운영하는 전주소년원과 안양소년원 등이 있다. 이와 같이 수용 위주의 소극적 운영을 탈피하여 수요자의 요구에 맞추어 제공되는 다양한 교육 프로그램은 전국의 소년보호교육기관을 적극적이고 개방적인 시설로 거듭나게 하고 있다.

(2) 보호관찰소

보호관찰이란 범인을 교도소, 소년원 등 시설에 수용하지 않고 일정기간 준수사항을 지킬 것을 조건으로 사회 내에서 자유로운 생활을 허용하는 제도다. 이는 보호관찰관의 지도·감독·원호를 받거나, 일정기간 무보수로 사회에 유익한 근로봉사를 하게 하거나, 또는 범죄성 개선을 위한 강의를 듣도록 함으로써 범죄성향을 교정하여 재범을 방지하고자 하는 보다 다양화된 사회 내 처우 중 하나다.

보호처분 중 수강명령을 받은 청소년은 일정기간 동안 보호관찰소에서 실시하는 프로그램에 참석해야 하는데, 사회에서 요구하는 올바른 인격을 형성하고 비행성향을 교정하기 위한 각종 심리치료 프로그램들이 수강내용이 된다. 비행성향을 가진 청소년을 대상으로 하는 본 또래상담 프로그램 역시 또래 간 의사소통기술을 향상시키고 리더십을 길러 주는 프로그램으로 보호관찰과 수강명령 대상자에게 활용되고 있다.

(3) 청소년비행예방센터(대안교육센터)

청소년비행예방센터는 보호처분 대상 청소년뿐 아니라 일반학교 학생도 교육대상자로 받아들여 그들의 사회복귀와 학교생활 적응을 돕기 위해 각종 프로그램을 운영하고 있으므로 대외적으로는 '대안 예방센터'라 명명하고 있다.

법무부는 2007년 7월 부산, 광주, 대전, 청주, 창원, 안산 등 6개 지역에 청소년비행예방센터를 설치하고 전문 직원 56명을 배치하였다. 그간 소년분류심사원과 대행소년원에서 담당하던 일반학교 부적응 학생과 검찰 및 법원 등 사법기관에서 의뢰하는 초기단계 비행청소년에 대한 특별교육, 비수용 범죄소년에 대한 비행진단 및 교육을 비롯하여, 보호자특별교육, 일반학생 및 국민에 대한 법교육, 자원봉사자 및 청소년전문가에 대한 전문교육, 각종 프로그램 개발 및 보급 등의 업무를

〈표 8〉 청소년비행예방센터의 주요 임무

기관명	대상자	교육 과정
안산청소년비행예방센터 (안산대안교육센터)	부가처분	• 대안교육, 보호자교육, 청소년심리 상담 • 연구 · 개발, 직원 직무연수 등
대전청소년비행예방센터 (한국법문화진흥센터)	일반청소년	• 법교육, 자원봉사자 및 직원 전문 교육
청주청소년비행예방센터 (청주대안교육센터)	부가처분 조사	• 상담조사, 검사결정전조사 • 대안교육, 보호자교육, 청소년심리 상담
광주청소년비행예방센터 (광주대안교육센터)		
부산청소년비행예방센터 (부산대안교육센터)		
창원청소년비행예방센터 (창원대안교육센터)		

출처: 법무부(2007). **소년보호통계**. 법무부 소년보호과.

수행하고 있다.

이는 그동안 학계나 지역사회에서 강조한 비행예방의 중요성을 국가적 차원에서 적극적으로 개입하여 그 역할을 나눔으로써 비행예방효과를 높일 수 있는 기반이 조성되었다고 볼 수 있다.

(4) 청소년상담기관 등 민간전문기관

보호처분 대상 청소년에 대한 보호처분 가운데는 청소년상담기관 등 민간전문기관에 교육(수강명령)이나 봉사명령 등의 형태로 역할을 분담해 주는 경우가 있다. 이때는 전문기관 차원뿐 아니라, 기관의 전문가가 개인적인 차원에서 보호관찰 등에 참여하는 경우도 있다.

청소년상담기관은 비행청소년에 대한 보호 기능뿐만 아니라 소년원을 퇴원한 청소년에 대한 사후관리 및 사회적응을 지원하는 역할을 수행하기도 한다. 특히 상담전문가의 활용은 소년원생의 재범방지 및 가정, 학교 등 사회적응을 도모한다는 점에서 매우 의미가 깊다고 할 수 있다. 보건복지가족부 산하 청소년상담 전문기관은 소년원 또래상담과 긴밀한 관계가 있는데, 이 내용은 이 책의 여러 곳에서 이미 언급되어 있다. 보건복지가족부 산하 상담전문기관은 중앙에 한국청소년상담원이 있고, 16개 시 · 도에 광역청소년상담지원센터가 있으며, 132개 시 · 군 · 구에 기초자치단체 청소년지원센터가 있다

(보건복지가족부, 2009). 보건복지가족부에서는 향후 232개 전체 기초자치단체에 청소년지원센터를 설립할 예정인데, 이러한 기관과 연계하는 것은 매우 필요한 일이라 할 수 있다.

3 소년원 또래상담 프로그램 개발

현재 우리나라에서 청소년을 대상으로 활용되는 또래상담자 훈련 프로그램의 종류는 많지 않다. 대체로 한국청소년상담원에서 개발한 초 · 중 · 고 단계별 또래상담자 훈련 프로그램이 활용되고 있다. 이 프로그램은 초 · 중 · 고등학교에 재학 중인 학생들을 또래상담자로 훈련시키기 위해 개발된 것이다(이상희, 노성덕, 이지은, 2000). 노성덕(2009)이 조사한 내용에 따르면, 우리나라 또래상담자 훈련 프로그램은 한국청소년상담원에서 개발한 것이거나, 한국청소년상담원 프로그램을 기초로 하여 약간 수정한 것이다. 간혹 독자적인 프로그램이 소개되고 있으나, 학위 논문을 위해 구안한 것에 그칠 뿐 실제 활용되지는 않고 있으며, 그나마 그런 시도도 몇 편에 지나지 않는다. 한국청소년상담원의 단계별 또래상담자 훈련 프로그램은 '친한 친구 되기' '대화하는 친구 되기' '도움 주는 친구 되기'라는 세 가지 콘셉트를 축으로 연령에 적합한 훈련

방법과 예시들을 선택하여 적용하고 있다(이상희, 노성덕, 이지은, 2004).

단계별 또래상담프로그램은 11회기로 구성되어 있는데, 한 회기는 50~90분으로 운영될 수 있다. 각 회기는 도입→활동→소감 나누기→정리의 과정을 거치는데, 도입 부분에서는 해당 회기에서 배울 활동과 관련된 촉진게임을 활용하여 학생들의 흥미와 참여 동기를 높이도록 구성되어 있다(이상희 등, 2004). 단계별 또래상담 프로그램은 브루너(Bruner)의 나선형 교육과정을 적용하여 세 가지 동일한 콘셉트를 초·중·고등학교 수준별로 구성하였다. 따라서 초·중·고 학교 급별 연계가 가능하며, 지속적인 훈련이 가능한 형태로 제작되었다는 점이 가장 큰 특징이다. 단계별 프로그램의 내용은 해당 발달 연령에서 강조해야 할 측면에 비중을 두어 각기 다르게 구성되어 있다. 따라서 훈련받는 학생들의 발달수준에 맞춰 탄력적으로 운영할 수 있다는 장점이 있다(이상희 등, 2004). 단계별 또래상담자 훈련 프로그램은 학령기에 따라 회기 운영에 차이가 있다. 세 가지 콘셉트에 대하여 초등학생용은 '친한 친구 되기'에, 중학생용은 '대화하는 친구 되기'에, 고등학생용은 '도움 주는 친구 되기'에 조금 더 회기가 배정되어 있다. 이는 각급 학생들을 대상으로 실시한 요구조사에서 '좋은 친구의 의미'를 질문한 것에 기초하고 있다(이상희 등, 2000).

소년원에 입원해 있는 청소년도 연령상 초·중·고등학생과 동일하다. 생활여건이나 공부하는 형태, 거주상황 등에서

〈표 9〉 한국청소년상담원 단계별 훈련 프로그램

단 원	목표 및 내용
들어가기 All: 1회기	1. 또래상담 프로그램 오리엔테이션 2. 집단에 대한 친밀감과 신뢰감 형성
친한 친구 되기 초: 4회기 중: 3회기 고: 2회기	• 또래상담자들의 친구 관계 증진과 인성적 측면 성장 1. 친구의 의미 인식 2. 친구 관계 점검 3. 친구 관계 증진(타인의 관점 이해하기, 존중하기, 다가가기 등)
대화하는 친구 되기 초: 3회기 중: 4회기 고: 4회기	• 상대방의 마음을 이해하고, 효과적인 의사소통 방식 습득 1. 경청연습과 공감하기 2. 의사소통의 걸림돌 3. 대화전략(생기리전략, 어기역차전략, 잠하둘셋, 나-전달법)
도움 주는 친구 되기 초: 2회기 중: 2회기 고: 3회기	• 또래들 속에서 도움을 주고, 문제해결에 도움이 되는 전략 습득 1. 도움 주는 대화(원무지계전략) 2. 친구 사이 갈등 대처 3. 도움 되는 활동들
마무리 All: 1회기	1. 배운 내용을 정리하며 느낀 점과 실행할 점 나누기 2. 프로그램의 내용과 진행에 대해 평가하기

큰 차이가 있기는 하지만 생리적 특성이나 고민 등은 여타 청소년과 같다. 그런 측면에서 소년원에 입원해 있는 청소년들을 위한 또래상담자 훈련 프로그램도 '친한 친구 되기' '대화하는 친구 되기' '도움 주는 친구 되기'를 기본 콘셉트로 하되, 약간의 변화를 주어 활용하였다.

1. 요구조사

소년원에서 또래상담을 활용하기 위해 소년원 교사 및 소년원생을 대상으로 요구조사를 실시하였다. 요구조사의 초점은 다음과 같았다.

- 또래상담이라는 용어가 적절한가?
- 또래상담자가 어떤 활동을 해야 하는가?
- 또래상담을 통해 소년원에 어떤 변화를 기대하는가?
- 또래상담 훈련 프로그램에 담겨질 내용(예문)들에는 어떤 것이 적절할까?
- 훈련은 몇 회기가 적합할까?
- 소년원에서의 또래상담 운영 방법은 무엇인가?

각각의 초점에 대해서 또래상담 용어, 또래상담자의 활동, 또래상담반 운영 형태 등을 정리해 보았다.

1) 또래상담 용어

또래상담이라는 용어는 소년원에 적합한 용어가 아니다. 소년원에서는 원생들끼리 상담을 한다는 것이 자연스럽지 않기 때문이다. 또래상담자는 소년원의 특성상 각 방의 반장이 맡는 것이 자연스럽다. 기존 반장 외에 또 다른 도우미 역할을 할 또래상담자를 임명해서 활동하게 하는 것은 적절하지 않다. 따라서 '반장' 명칭을 수정해서 사용해도 적합한 명칭이 좋은데, 원내에서 반장 대신 '또래상담자'라는 용어를 사용하기에는 적절치 않다는 의견이 많았다. 따라서 '또래도우미'라는 용어를 사용하기로 하였다. 또래도우미라는 용어는 '반장'의 기능을 '통제와 관리'라는 패러다임에서 '조력과 지원'이라는 패러다임으로 전환하려고 하는 효과도 있다. 만약 패러다임 전환의 효과가 있다면 원내에서 서로 돕고 지원하는 문화가 형성될 수 있으리라 기대해 볼 수도 있다.

2) 또래상담자의 활동

(1) 생활 갈등 중재

소년원에서 또래상담을 활용할 경우 일반 학교와는 활동 내용이 분명히 다르다. 원내 청소년들은 거의 24시간을 함께 생활한다. 일반 학교보다는 군 내무반 생활이 오히려 이 점에서 더 흡사하다. 기상부터 취침까지 대부분의 시간을 공동체 생활로 보내기 때문에 작은 갈등들도 더 많이 발생한다. 따라서 원내에서의 또래상담자 활동은 작은 갈등의 부분들을 중재하는 것에 초점을 맞출 필요가 있다.

생활 갈등에는 대인 간 갈등뿐만 아니라, 소년원 생활에 필요한 필수적인 활동에서 비롯된 문제를 바람직한 방법으로 해결해 주는 것도 포함되어야 한다. 예를 들면, 체육복을 분실했다든지, 옆 반 형이나 언니로부터 위협적인 언행을 당했을 경우 바람직한 중재 등이 그 예라 할 수 있다.

(2) 또래교수 활동

또한 원내 청소년들은 자립과 자활을 지원하기 위한 다양한 교육과정에 참여하고 있다. 따라서 자립과 자활을 지원할 수 있는 각종 자격증 취득과 특기, 적성 향상을 위한 훈련들이 진행되고 있다. 특히 검정고시는 거의 필수적으로 준비해야 한다. 그런데 출생 시 비정상적으로 출산했거나 성장과정에서 가정의 돌봄을 받지 못함으로써 지적 능력이 일반 아이들보다 낮은 아이들이 상당수 있다. 이러한 아이들은 검정고시를 비롯한 각종 자격증을 습득하는 데 어려움을 겪는다. 간혹 이런 아이들은 원내에서 놀림의 대상이 되고, 스스로 위축되어 낮은 자존감과 부정적인 자아개념이 강화되는 경향이 있다. 이런 경우에 놀림을 받는 아이도 문제지만, 놀리는 아이 역시 부정적인 정서나 태도가 강화되어 향후 퇴원 후 정상적인 대인관계에 적응하지 못하는 원인이 되기도 한다. 그러므로 또래상담자의 중요 활동 중 하나는 원내에서 검정고시나 자격증 취득 훈련과정에서 어려움을 겪는 또래들을 지원하는 것이 되어야 한다. 이른바 또래교수(peer tutor) 기능이 소년원에 정착되도록 하는 것이다.

(3) 원 생활 적응 조력

소년원에는 특정 시기에 아이들이 새로 들어오지 않는다. 일반 학교처럼 3월에 새로운 학생들로 학급이 구성되고 12월에 헤어지는 규칙적인 패턴이 없다는 것이다. 거의 매주 새로운 아이들이 소년원에 들어오고, 또 거의 매주 아이들이 퇴원을 한다. 머무는 기간도 아이들마다 다르다. 그래서 원내 생활에 적응하는 것이 아이들에게 중요한 사항이 된다. 또래상담 활동은 새로운 구성원들이 원 생활에 잘 적응하고, 새로운 삶을 준비할 마음을 가지도록 도와주는 것을 포함해야 한다.

3) 또래상담반 운영 형태

(1) 훈련 기간

일반 학교 또래상담자 훈련은 주 1회씩 10~12주 훈련 기간을 기본 모형으로 삼고 있다. 노성덕(2009)은 한국청소년상담원의 프로그램 운영을 〈표 10〉과 같이 소개하고 있다.

그러나 이 훈련 기간 및 시간 운영은 소년원에서 활용하기에 적합하지 않다. 우선 소년원 청소년들은 재원 기간이 일정하지 않다. 어느 청소년은 3개월, 어느 청소년은 5개월, 어느 청소년은 1년 등 재원 기간이 다양하다. 또 입원 역시 특정 기간에 이루어지는 것이 아니라 개인마다 모두 다르다. 그러므로 10주에 걸친 훈련은 실제적으로 적용이 어렵다. 오히려 짧은 기간 동안 집중적으로 훈련하여 또래상담자를 준비시키는 것이 필요하다. 요구조사에서 소년원 교사들은 4~5주가량 주 2회의 훈련 기간이 적합하다고 의견을 모았다.

〈표 10〉 한국청소년상담원의 또래상담자 훈련 모형

주	목 표
1	• 들어가기/신뢰감 형성
2	• 또래상담이란/ 집단규칙 정하기
3	• 친한 친구 되기 1. 친구의 의미-과제수행 1
4	• 친한 친구 되기 2. 친구 사이의 걸림돌 이해-과제수행 2
5	• 친한 친구 되기 3. 나의 친구 관계 살펴보기
6	• 대화하는 친구 되기 1. 대화의 기본자세-과제수행 3
7	• 대화하는 친구 되기 2. 어기역차 전략-과제수행 4
8	• 대화하는 친구 되기 3. 잠하둘셋 전략-과제수행 5
9	• 대화하는 친구 되기 4. 대화종합연습
10	• 도움 주는 친구 되기 1. 원무지계 전략-과제수행 6
11	• 도움 주는 친구 되기 2. 다양한 도움 전략 찾고 적용하기
12	• 평가 및 마무리

출처: 노성덕(2009). **학교 또래상담**. 학지사.

4~5주 정도의 훈련으로 진행하되, 최소 주 2회는 이루어져야 한다는 것이다. 매일 훈련하는 것도 제시되었으나, 또래상담자 훈련이 '실습과 점검'을 위주로 진행된다는 것을 고려할 때 2~3일의 간격은 있어야 하기 때문에 주 2회로 하였다.

〈표 11〉과 같이 소년원 또래상담자 훈련은 5주에 걸쳐 진행되며, 주 2회씩 총 10회기로 진행되도록 구안되었다. 내용 구성을 보면, 첫째 주는 '서로 친해지는 기회' 위주로 되어 있다. 둘째 주부터 넷째 주까지는 '또래상담자 활동에 대한 훈련 및 과제 수행' '제시된 과제에 대한 피드백'으로 구성되어 있다. 마지막 주인 다섯째 주는 '평가 및 축하 파티'로 구성되었다.

〈표 11〉 소년원 또래상담자 훈련 기간

	회기	내용 구성
첫째 주	1(화)	• 서로 친해지는 기회
	2(금)	• 오리엔테이션 & 집단신뢰감 형성
둘째 주	3(화)	• 또래상담자 활동에 대한 훈련 • 훈련 중 제시되는 과제 수행 • 과제에 대한 피드백
	4(금)	
셋째 주	5(화)	
	6(금)	
넷째 주	7(화)	
	8(금)	
다섯째 주	9(화)	
	10(금)	• 평가 및 축하 파티

(2) 운영 모형

소년원 상황에 맞는 운영 형태를 구안하여 적용하는 것은 무척 어려운 일이었다. 기존의 운영 형태는 대체로 일반 학교 청소년들을 대상으로 한 모형이었기 때문이다. 또 소년원 교사들 역시 또래상담의 의의는 알지만, 전체적인 활동에 대한 경험이 없었기 때문에 이에 대해 구체적인 의견을 제시하지 못했다. 따라서 상식적으로 알고 있는 소년원 특성을 고려하여 구안할 수밖에 없었다. 대개 일반적인 학교에서의 또래상담반 운영은 〈표 12〉와 같다(노성덕, 2009).

〈표 12〉를 보면 일반 학교에서 또래상담반을 운영할 경우 첫 해 연간 계획이 비교적 규칙적으로 계획될 수 있다. 1~2월에는 또래상담을 운영할 교사가 또래상담 운영에 대해 기획

및 계획을 수립하고, 3월에 또래상담자를 선발하여 4월부터 6월까지 훈련을 시킨다. 7월에는 또래상담 훈련을 수료한 학생을 대상으로 임명식을 거행하고, 7~8월에 단합대회 등을 실시하여 준비시킨 후 9월부터 12월까지 또래상담자로서 활동하게 하고 활동에 대해 슈퍼비전을 실시한다. 이런 규칙적인 적용은 매년 반복해서 이루어질 수 있다. 해를 거듭할수록 신입생과 기존 또래상담자를 관리해야 하는 방안이 마련될 필요는 있으나 거의 흡사하다고 볼 수 있다.

〈표 12〉 첫해 연간 학교 또래상담 운영 모형

월	또래상담 운영의 내용들
1월	• 또래상담 알아보기 –또래상담의 기초적인 지식을 습득하기 –지역 내 또래상담 운영 경험 있는 교사 자문 구하기 • 또래상담 지도자 교육 신청하기 • 전체 운영 구상하기 –또래상담 운영의 전체 밑그림 그려 보기 –지역 청소년상담센터 방문하기 –계획안 작성하기
2월	• 또래상담 지도자 교육 받기 • 1년 운영 계획 구체적으로 세우기 • 학교에 계획안 제출하고 승인 얻기 • 운영을 위한 준비하기 –협력할 동료교사 확보하기 –소요 예산 확보하기 –또래상담자 모집 및 선발 방안 마련하기
3월	• 또래상담 훈련생 면접과 선발 • 또래상담 훈련 준비하기

4~6월	• 또래상담자 훈련시키기 • 또래상담 활동의 내용과 범위 논의하기 • 또래상담자 활동거리 개발하기 • 지역 내 상담 유관 기관 방문하기 • 훈련/실습 등을 기록으로 남기기 • 보상체세 개발하기
7월	• 또래상담자 훈련 수료식 및 임명식 • 또래상담 훈련에 대한 평가
8월	• 또래상담자 M.T. 만들기 • 또래상담자들의 자기성장 기회 도모하기 • 또래상담자 활동 계획하기
9~12월	• 또래상담 활동 촉진하기 • 정기적인 슈퍼비전 실시하기 • 모든 활동 기록으로 남기기 • 고유활동 시범 운영하기 • 보상체제 적용하기 • 연말 격려 모임 개최

출처: 노성덕(2009). **학교 또래상담**. 학지사, pp. 304-305.

이것은 학생들의 입학과 등반 및 졸업 등이 일정하기 때문에 가능하다. 소년원에서 또래상담을 운영하는 데 가장 큰 난점 중 하나가 일정하지 않은 입원과 퇴원이다. 연중 입원과 퇴원은 반복적으로 이루어지며, 시기 역시 정해져 있지 않다. 또 앞서 지적한 것과 같이, 입원 기간이 모두 제각각 다르기 때문에 특정 기간을 산정하고 또래상담반을 운영하는 것이 어렵다.

소년원 또래상담반은 원의 특성을 고려하여 [그림 2]와 같이 운영하는 것을 모형으로 정하였다. [그림 2]에 따르면, 또래상담자를 훈련하고 임명한 뒤, 퇴원생이 발생되어 결원이 예상

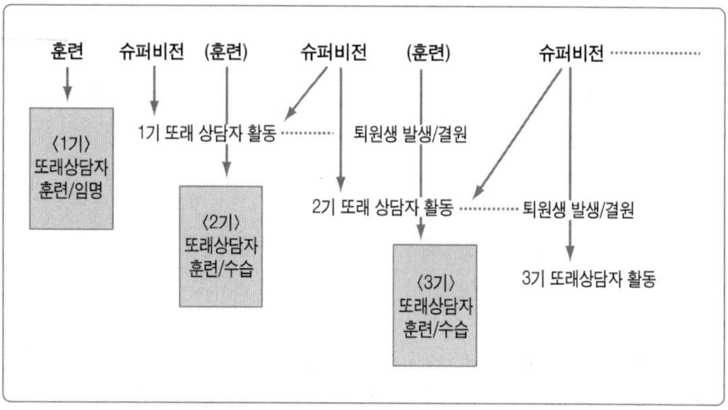

[그림 2] 소년원 또래상담반 운영 모형

되는 시점에서 2기생을 훈련하고 수습으로 둔다. 이후 또래상담자로 임명하여 기존 1기 또래상담자와 더불어 활동하도록 하고 이에 대해 슈퍼비전을 제공하되, 역시 결원이 예상되는 시점에서 3기 또래상담자를 훈련한다. 이런 방식은 짧은 시간 내에 활동을 접고 퇴원하는 소년원의 현실을 반영한 것이다. 그러나 이는 또래상담지도자 역할을 담당할 교사에게 상당한 업무 과중이 예상되는 모형이므로 보다 더 효율적인 모형 개발이 필요하다는 과제를 안고 있다.

2. 프로그램 틀 구안

또래상담 프로그램의 기본 틀은 한국청소년상담의 세 가지 콘셉트를 토대로 하였다. 앞서 언급한 것과 같이, 한국청소년상담원의 프로그램은 '친한 친구 되기' '대화하는 친구 되기' '도움 주는 친구 되기'를 골격으로 하고 있다. 소년원에서는 '친구 되기'라는 용어보다는 '상담자 되기'라는 용어를 사용할 필요가 있다. 공동체 생활을 하는 청소년들이 같은 나이가 아니기 때문이다. 통상 초등학생 연령의 청소년부터 19세까지 수용되어 있어서 나이 차가 엄연히 존재하는데 이를 무시하고 친구 되기라고 할 수는 없기 때문이다. 또한 또래상담자 역할을 하게 될 반장은 대체로 방에서 연령이 높은 청소년이므로 상담자 되기라는 용어가 더 적합하다. 한국청소년상담원의 세 가지 콘셉트 중 '친한 친구 되기'는 '다가가는 상담자 되기'로 변경하였다. 원내에서 먼저 다가가는 상담자의 능동적 역할을 강조하여 훈련하고자 하였기 때문이다.

〈표 13〉 소년원 또래상담 프로그램의 기본 틀

	한국청소년상담원 또래상담 프로그램	소년원 또래상담 프로그램
도입	들어가기	들어가기
Step 1	친한 친구 되기	다가가는 상담자 되기
Step 2	대화하는 친구 되기	대화하는 상담자 되기
Step 3	도움 주는 친구 되기	도움 주는 상담자 되기
마무리	마무리	평가 및 마무리

3. 프로그램 구성

1) 단위 프로그램 구성

소년원용 또래상담자 훈련에 필요한 단위(Unit) 프로그램은 기존 한국청소년상담원 또래상담자 훈련 프로그램을 기초로 하였다. 그러나 소년원 청소년에게 더 적합한 유사 프로그램이 있을 경우 이를 채택하거나, 또는 필요하다고 여겨지는 단위 프로그램을 개발하거나 응용하여 포함하였다.

〈표 14〉 소년원 또래상담자 훈련 단위 프로그램

	회기	목 표	단위 프로그램 명
첫째 주	1	• 들어가기 • 집단원 알기	• 워밍업 • 나를 소개합니다
	2	• 오리엔테이션 • 집단신뢰감 형성	• 함께 지켜 나갈 규칙정하기(빙고게임!) • 서약서 작성 • 또래상담이란 • 조 이름 정하기 • 또래상담 퀴즈왕
둘째 주	3	• 다가가는 상담자 되기(1)	• 맞아 맞아! Best • 내 마음을 나눈 친구
	4	• 다가가는 상담자 되기(2)	• 어떻게 다가갈까요? 1, 2 • 마니또 선정하기 • 다가가기 연습 • 과제 나가요~~
셋째 주	5	• 대화하는 상담자 되기(1)	• 돼지뽕 게임(워밍업) • 내 마음을 들어줘(경청 게임) • 경청의 기본자세
	6	• 대화하는 상담자 되기(2)	• 말문 막는 Q, 말문 여는 Q(효과적인 질문법 연습 or 질문법 연습) • 어기역차 배우기 • 어기역차 실습하기 • 과제: 어기역차 일지

넷째 주	7	• 도움 주는 상담자 되기(1)	• 타잔과 제임(워밍업) • 마음 다스리기(합리적 사고 연습) • Stop! 릴랙스~릴랙스~
	8	• 도움 주는 상담자 되기(2)	• 상담자 역할 체험(워밍업) • 원무지계 전략 배우기 • 원무지계 게임 • 원무지계 실습
다섯째 주	9	• 도움 주는 상담자 되기(3)	• 워밍업 • 우리가 할 일 • 친구들이 보는 나의 모습은 • 마음의 선물 나누기 • 마니또 게임(종료)
	10	• 평가 및 마무리	• 프로그램 요약 및 평가 • 수료증 수여식 및 축하파티

그리고 프로그램에서 게임과 활동을 통해 이해할 수 있는 부분들을 더 확대하였고, 게임마다 우승자를 정하여 소정의 상품을 주도록 고려하였다. 게임과 활동을 활용하도록 각 회기별로 중심이 되는 단위 프로그램과 워밍업에 해당하는 프로그램을 배치하였다.

〈표 15〉 중심 프로그램과 워밍업 프로그램

회기	중심 프로그램	워밍업 프로그램
1	• 집단원 알기	• 워밍업
2	• 또래상담이란 • 규칙 정하기	• 조 구성 및 조 이름 정하기 • 빙고게임! • 또래상담 퀴즈왕
3	• 마음을 나눈 친구	• 맞아 맞아! Best
4	• 어떻게 다가갈까요?	• 마니또 선정하기

5	• 경청의 기본 자세	• 돼지뽱 게임 • 내 마음을 들어줘(경청 게임)
6	• 어기역차 배우기	• 말문 막는 Q, 말문 여는 Q
7	• Stop! 릴랙스~릴랙스~	• 타잔과 제인(워밍업) • 마음 다스리기(합리적 사고 연습)
8	• 원무지계 배우기	• 상담자 역할 체험(워밍업 게임) • 원무지계 게임
9	• 우리가 할 일	• 워밍업 • 마음의 선물 나누기 • 마니또 게임(종료)
10	• 프로그램 요약 및 평가	• 수료증 수여식 및 축하파티

중심 프로그램은 해당 회기에 배우거나 달성해야 할 과업이다. 또래상담 프로그램은 자원상담자 수준의 훈련 프로그램이기 때문에 청소년들이 배우기에 다소 딱딱하고 재미없을 수 있다. 소년원 청소년에게는 더욱 그럴 수 있다. 따라서 중심 프로그램을 재미있게 배울 수 있도록 관련 게임과 활동을 워밍업 프로그램으로 보완한 것이다. 개별 단위 프로그램의 상세한 설명은 4장 프로그램의 실제에 나와 있다.

2) 내용구성

소년원 또래상담 프로그램은 각 단위 프로그램을 보완하거나 추가로 설명하기 위하여 〈표 16〉과 같은 내용을 보강하여 제시하였다. 그 내용은 앞에서 설명한 단위 프로그램의 내용과 크게 다르지 않기 때문에 설명은 생략하고 표를 제시하였다.

〈표 16〉 단위 프로그램 내용구성

회기		목 표	내 용
첫째 주	1	• 들어가기 • 집단원 알기	• 당신의 이웃을 사랑하십니까? • 콜라주로 자신을 소개
	2	• 오리엔테이션 • 집단신뢰감 형성	• 빙고게임! • 규칙 서약하기 • 들어가기: 또래상담의 정의, 또래상담자 • 조 이름, 구호 정하기 • 또래상담자의 역할, 기대 등에 관한 퀴즈
둘째 주	3	• 다가가는 상담자 되기(1)	• 관련 내용 Q & A • 자신이 상담을 의뢰했던 친구 떠올린 뒤 그 경험을 나눈다.
	4	• 다가가는 상담자 되기(2)	• 다가가는 느낌, 다가오는 느낌 경험 활동 • 다가가기 역할극(맞아맞아상, 그럴싸상) • 마니또 게임 • 다가가기 연습- 일지기록 • 과제: 일지(3일 실시)
셋째 주	5	• 대화하는 상담자 되기(1)	• 게임을 통해 언어-비언어 중요성 실감 • 듣기/안 듣기 게임 • 경청의 기본자세를 익힌다.
	6	• 대화하는 상담자 되기(2)	• 질문법! 제대로 알면 성공이 보인다! • 어기역차 시청각 자료 • 어기역차 실습 후 역할연기 • 과제 제시
넷째 주	7	• 도움 주는 상담자 되기(1)	• 말풍선을 이용한 합리적 사고 연습 • 게임을 통해 참아야 하는 상황 체험 • 시청각 자료 본 후 연습
	8	• 도움 주는 상담자 되기(2)	• 눈을 가리고 안내 받기 • 원무지계 시청각 자료 • 원(빨) · 무(노) · 지(초) · 계(파) 판에 내용 넣기 • 원무지계 실습

다섯째 주	9	• 도움 주는 상담자 되기(3)	• 워밍업 게임 • 나의 좋은 점, 아쉬운 점 소감 발표 • 마음의 선물을 나누고 공개한 후 소감 발표 • 마니또 소감 • 또래상담자의 역할 시청각 자료
	10	• 평가 및 마무리	• 프로그램 요약 • 프로그램 평가 및 마무리 • 수료증 수여식 및 축하 파티

3) 소년원 또래상담 전체 프로그램

앞에서 소개한 소년원 또래상담의 단위 프로그램과 해당 내용을 종합하면 〈표 17〉과 같다. 각 프로그램에 대한 상세한 설명은 4장 프로그램의 실제에서 회기별로 소개하였다.

〈표 17〉 소년원 또래상담 프로그램

	회기	목 표	단위 프로그램 명	내 용
첫째 주	1	• 들어가기 • 집단원 알기	• 워밍업 • 나를 소개합니다	• 당신의 이웃을 사랑하십니까? • 콜라주로 자신을 소개
	2	• 오리엔테이션 • 집단신뢰감 형성	• 함께 지켜 나갈 규칙 정하기 • 서약서 작성 • 또래상담이란 • 조 이름 정하기 • 또래상담 퀴즈왕	• 빙고게임!(규칙빙고) • 규칙 정하고 서약하기 • 들어가기: 또래상담의 정의, 또래상담자 • 조 이름, 구호 정하기 • 또래상담자의 역할, 기대 등에 관한 퀴즈

둘째 주	3	• 다가가는 상담자 되기(1)	• 맞아 맞아! BEST • 내 마음을 나눈 친구	• 관련 내용 Q & A • 자신이 상담을 의뢰했던 친구 떠올린 뒤 그 경험을 나눈다.
	4	• 다가가는 상담자 되기(2)	• 어떻게 다가갈까요? 1, 2 • 마니또 선정하기 • 다가가기 연습 • 과제 나가요~~	• 나가가는 느낌, 다가오는 느낌 경험 활동 • 다가가기 역할극(맞아맞아상, 그럴싸상) • 마니또 게임 • 다가가기 연습-일지기록 • 과제: 일지(3일 실시)
셋째 주	5	• 대화하는 상담자 되기(1)	• 돼지뻥 게임(워밍업) • 내 마음을 들어줘(경청 게임) • 경청의 기본자세	• 게임을 통해 언어-비언어 중요성 실감 • 듣기/안 듣기 게임 • 경청의 기본자세를 익힌다.
	6	• 대화하는 상담자 되기(2)	• 말문 막는 Q, 말문 여는 Q • 어기역차 전략 배우기 • 어기역차 실습하기 • 과제: 어기역차 일지	• 질문법! 제대로 알면 성공이 보인다! • 어기역차 시청각 자료 • 어기역차 실습 후 역할연기 • 과제 제시
넷째 주	7	• 도움 주는 상담자 되기(1)	• 타잔과 제인(워밍업) • 마음 다스리기(합리적 사고 연습) • Stop! 릴랙스~릴랙스~	• 게임을 통해 참아야 하는 상황 체험 • 말풍선을 이용한 합리적 사고 연습 • 시청각 자료 본 후 연습
	8	• 도움 주는 상담자 되기(2)	• 상담자 역할 체험(워밍업) • 원무지계 전략 배우기 • 원무지계 게임 • 원무지계 실습	• 눈을 가리고 안내 받기 • 원무지계 시청각 자료 • 원(빨) · 무(노) · 지(초) · 계(파) 판에 내용 넣기 • 원무지계 실습

다섯째 주	9	• 도움 주는 상담자 되기(3)	• 누구인지 맞춰 봐요(워밍업) • 우리가 할 일 • 친구들이 보는 나의 모습은 • 마음의 선물 나누기 • 마니또 게임(종료)	• 워밍업 게임 • 또래상담자의 역할 시청각 자료 • 나의 좋은 점, 아쉬운 점 소감 발표 • 마음의 선물을 나누고 공개한 후 소감 발표 • 마니또 소감
	10	• 평가 및 마무리	• 프로그램 요약 및 평가 • 수료증 수여식 및 축하 파티	• 프로그램 요약 • 프로그램 평가 및 마무리 • 수료증 수여식 및 축하 파티

4

소년원 또래상담 프로그램의 실제

1회기 들어가기 & 집단원 알기
2회기 오리엔테이션 & 집단신뢰감 형성
3회기 다가가는 상담자 되기(1)
4회기 다가가는 상담자 되기(2)
5회기 대화하는 상담자 되기(1)
6회기 대화하는 상담자 되기(2)
7회기 도움 주는 상담자 되기(1)
8회기 도움 주는 상담자 되기(2)
9회기 도움 주는 상담자 되기(3)
10회기 평가 및 마무리

이 책에 소개된 ppt 자료는 예시이므로 상황에 따라 제작하여 사용하는 것이 필요하다.

〈1회기〉

들어가기 &
집단원 알기

워밍업

나를 소개합니다

1. 목표

- 다양한 워밍업 활동을 통해 집단원 간의 친밀감을 형성한다.
- 자기소개를 통해 서로를 알아가는 시간을 갖는다.

2. 준비물

명찰, 컬러매직, 잡지, 신문, 풀, 가위, 필기류, 〈활동지 1-1〉 나를 소개합니다, 〈활동지 1-2〉 나를 소개합니다

3. 내용

- 워밍업
- 나를 소개합니다.

4. 세부 진행 절차

1) 워밍업

프로그램의 첫 시간에는 서로 어색하고 긴장되는 분위기가 형성된다. 첫 시간에는 프로그램에 대한 어색함을 줄이고 '또래상담자'들이 서로 편하고 친근함을 느낄 수 있는 분위기를 형성하도록 도와주는 것이 필요하다.

여기서 소개하는 게임은 어색한 분위기를 전환시켜 주는 데 도움이 될 뿐 아니라 집단원의 자리를 임의로 섞을 수 있다는 장점이 있다.

(1) 당신의 이웃을 사랑하십니까?

① 전체 집단원이 빙 둘러앉는다.

② 술래는 A에게 다가가 "당신의 이웃을 사랑하십니까?"라고 질문한다.

③ A가 "아니요."라고 답한 경우

- A의 양 옆에 앉은 사람은 팔짱을 끼고 "흥." 하며 고개를 돌린다.
- 술래는 다시 A에게 "그럼 누구를 사랑하십니까?"라고 질문한다.
- A가 "~~한 사람을 사랑합니다."라고 조건을 제시하면 조건에 해당하는 사람은 다른 자리를 찾아 앉아야 한다. 이때 A의 양 옆에 앉은 사람과 술래도 동시에 빈 자리를 찾아 앉아야 한다(예: 하얀색 양말을 신은 사람, 여자, 남자, 안경을 쓴 사람, 여기 있는 모든 사람, 청바지 입은 사람, 자신이 멋있다고 생각하는 사람 등).
- 자리에 미처 앉지 못한 사람이 새로운 술래가 된다.

④ A가 "예."라고 답한 경우

- A의 양 옆에 앉은 사람은 재빨리 서로 자리를 바꾸고, 술래는 두 사람이 자리를 바꾸려고 일어설 때 재빨리

그 자리에 앉는다.

• 술래와 A의 양 옆에 앉은 사람 중 자리에 앉지 못한 사람이 다시 술래가 된다.

⑤ 게임을 진행하다 보면 한 사람이 여러 번 술래를 하게 되는데, 술래를 할 때마다 간단한 벌칙을 줄 수도 있다(예: 두루마리 휴지로 머리핀, 목도리, 코마개 등을 만들어 술래에게 붙여 주기 등).

(2) 과일 사세요

① 전체가 큰 원을 만들어 둘러앉는다.

② 전체 인원을 고려하여 적절하게 모둠을 편성한다. 만약 4개의 모둠을 만들려면 아무나 한 사람부터 왼쪽에서 오른쪽으로 하나, 둘…… 넷까지 세고, 다시 하나…… 넷까지 센다.

③ 전체가 다 수를 세고 나면 '하나는 바나나' '둘은 사과' '셋은 포도' '넷은 자두' 등 과일이름을 붙인다.

지도자가 임의로 과일이름을 정하는 것보다는 먼저 집단원들에게 어떤 과일이 좋은지를 미리 물어보는 것이 좋다. 집단원들이 좋아한다고 말한 과일의 이름을 붙여 주면 집단원들의 참여도가 더 높아진다.

④ 첫 번 술래는 지도자가 한다.

⑤ 지도자는 아무에게나 가서 "과일 사세요."라고 하면 상대방은 "무슨 과일이 있는데요?"라고 묻는다.

⑥ 그러면 술래와 함께 전체 참가자가 과일의 종류를 이야기해 준다. "바나나, 사과, 포도, 자두가 있어요."

⑦ "포도 주세요."라고 상대방이 말하면 '포도'에 해당하는 사람들은 모두 일어나서 자기 자리가 아닌 다른 자리에 가서 앉는다. 이때 술래도 뛰어가서 자리에 앉는다.

⑧ 다른 자리에 못 앉거나, 자기 자리에 다시 앉으면 술래가 된다.

⑨ 주문할 때 "포도랑 사과 주세요." 혹은 "바나나 빼고 전부 다 주세요." 등으로 다양하게 표현할 수 있다.

⑩ 술래로 잡힌 집단원들에게는 벌칙을 주기보다는 "○○○가 술래가 되었네요." 또는 "○○○가 세 번이나 술래가 되었네요."라고 말하는 것으로 마무리하는 것이 좋다.

2) 나를 소개합니다

자기소개를 하는 시간은 청소년들에게는 다소 어렵게 느껴질 수 있다. 특히 종이에 자신의 특징에 대해 적은 후 발표하거나 옆 사람의 소개를 대신해 주는 식의 프로그램은 잘 참여하는 청소년도 있지만 지루해 하거나 식상해 하는 청소년들도 많다. 따라서 자기소개 프로그램이 집단의 분위기를 다시 경직되게 만들 수도 있다.

콜라주 기법으로 자신을 소개하면, 청소년들은 부담을 적게 느끼면서 지루함도 덜게 된다. 또한 콜라주 작업을 하는 동안 자신에 대한 탐색을 하면서 자신을 새롭게 돌아보는 경험을 하게 된다.

(1) 집단원들에게 미리 준비해 둔 컬러매직, 활동지, 잡지, 신문, 풀, 가위 등을 나눠 준다. 활동지는 색이 다른 두 종류의 색지(예: 초록색, 노란색)로 준비한다.
(2) 초록색은 '현재의 나', 노란색은 '미래의 나'라는 주제로 콜라주 작업을 한다.
(3) 잡지, 신문, 매직 등을 활용해 자유롭게 자신을 표현하도록 한다.
(4) 자연스럽게 한 명씩 콜라주를 보며 자신의 소개를 한다.

〈활동지 1-1〉 나를 소개합니다

지금의 내 모습을 잡지, 신문 등의 사진, 글 등을 오려 붙이거나, 그림을 그려서 자유롭게 표현해 보아요.

〈활동지 1-2〉 나를 소개합니다

내가 원하는 미래의 내 모습은 어떠할지 〈현재의 나〉와 같이 자유롭게 표현해 보아요.

〈2회기〉

오리엔테이션 &
집단신뢰감 형성

- 함께 지켜 나갈 규칙 정하기
- 서약서 작성
- 또래상담이란
- 조 이름 정하기
- 또래상담 퀴즈왕

1. 목표

- 프로그램 목표와 진행과정을 이해한다.
- 프로그램 참가 목적과 기대를 나눔으로써 참여 동기를 고취시킨다.
- 집단원 간의 친밀감과 신뢰감을 형성한다.

2. 준비물

〈활동지 2-1〉 빙고게임!, 〈활동지 2-2〉 규칙봉투, 〈활동지 2-3〉 서약서, O×판, 상품(규칙 빙고게임, 또래상담 퀴즈왕 프로그램 용), 명찰, 필기류, 빔프로젝트, PC

3. 내용

- 함께 지켜 나갈 규칙 정하기: 빙고게임!
- 서약서 작성: 규칙 서약하기
- 또래상담이란: 또래상담의 정의, 또래상담자의 역할 등
- 조 이름 정하기: 조 이름, 구호 정하기
- 또래상담 퀴즈왕: 또래상담자의 역할, 기대 등에 관한 퀴즈

4. 세부 진행 절차

1) 함께 지켜 나갈 규칙 정하기

(1) 지도자는 집단에서 규칙의 필요성과 중요성을 설명한다.

(2) 〈활동지 2-1〉 빙고게임과 〈활동지 2-2〉 규칙봉투를 활용하여 빙고게임을 한다.

- 규칙봉투에 있는 규칙 중 일부를 선택해서 빙고판에 적는다.
- 규칙봉투에 있는 규칙 외에 필요하다고 생각되는 규칙도 쓸 수 있다.
- 빙고판 작성이 끝나면 빙고게임을 한다.

(3) 가장 먼저 "빙고!"를 외친 집단원에게 작은 선물을 주고, 다른 집단원들은 빙고판 하단의 영광의 얼굴란에 승자의 이름을 쓰거나 얼굴을 그린다.

집단의 규칙을 정할 때 지도자가 미리 정한 규칙을 제시하면 집단원들은 거부감을 가질 수 있고 규칙을 지키고자 하는 의지가 부족할 수 있다. 반면 집단원들에게 모든 규칙을 만들게 하면 간혹 중요한 규칙이 빠지게 되거나 장난스럽게 규칙이 정해질 수 있다. 이때 지도자는 장난스럽게 설정된 규칙을 받아들일 수도 없고 규칙에 대해 집단원들과 논하다 보면 반감을 사거나 시간이 너무 많이 소요될 수 있다.
그러므로 규칙을 정할 때 규칙에 대한 설명과 더불어 규칙의 예시를 들어 주면서 동시에 자신들의 의견이 반영될 수 있도

> 록 한다면 집단원들은 바람직한 규칙을 정할 수 있고 자신들이 스스로 정한 규칙이라는 생각이 들기 때문에 규칙을 잘 지키려는 의지가 생기게 된다. 여기에서 〈활동지 2-2〉 규칙봉투를 제시하는 것은 집단원들이 규칙을 정하는 데서 규칙에 대한 아이디어 제공과 함께 바람직한 규칙을 정하도록 도와주는 나침반 역할을 한다. 또한 〈활동지 2-1〉 빙고판을 이용한 빙고게임은 프로그램에 흥미를 더해 주고 집단원들이 의견을 적극적으로 제시할 수 있도록 해 준다.

2) 서약서 작성

(1) 집단규칙 빙고에서 나온 내용을 서약서에 옮겨 적고 자신의 이름과 날짜를 쓰고 사인한다.

(2) 서약서의 내용을 함께 읽으며 다짐한다.

〈활동지 2-1〉 빙고게임!

함께 지킬 약속들……
빙고로 만들어 봐요!!

영광의 얼굴!!

• 이름:

• 아! 빛나는 얼굴 :

〈활동지 2-2〉 규칙봉투

규칙봉투

- 시작하는 시간을 잘 지켜요.
- 여기서 있었던 일은 비밀이에요. 비밀!!!
- 다른 친구가 말할 때 귀 기울여 잘 듣는다는 것 표현해 주기
- 욕설 안 하기
- 숙제를 잘 해오기
- 프로그램이 끝난 뒤 뒷정리 잘하기
- 적극적으로 참여하기
- 졸지 말기
- 남이 얘기할 때 껴들지 말기
- 때리지 말기
- 맛있는 거 혼자 먹지 말기(사탕 한 알이라도 쪼개 먹기)
- 솔직하게 얘기하기
- 양말은 꼭 신고오기(발도 닦고…… 냄새 남……
-.-;;)

자아~ 맘에 드는 규칙 골라~ 골라~
맘껏 골라 부러~

〈활동지 2-3〉 서약서

서 약 서

–5주 동안 함께하는 우리 모두의 기쁨을 위한 약속–

나는 '또래상담자 훈련 프로그램'에 자발적으로 참여할 것이며 다음 사항을 명심하여 지킬 것을 서약합니다.

1.

2.

3.

4.

5.

20 년 월 일

서약자 __________ 인

3) 또래상담이란

(1) 〈PPT 2-1〉를 활용하여 또래상담에 대한 소개를 한다. 만약 빔프로젝트나 PC 활용이 어렵다면 활동지 형태로 만들어 나눠 준다.

(2) 〈PPT 2-2〉를 보며 또래상담의 의미를 설명해 주고, 또래상담자의 역할에 대해 소개한다.

〈PPT 2-1〉

1. 또래상담이란?

   또래상담자 훈련을 받은 사람이 도움이 필요한 또래에게 친구처럼 다가가서 그 친구가 문제를 해결할 수 있도록 옆에서 도와주는 것

2. 또래상담자의 역할

   또래의 일상생활에서 일어날 수 있는 여러 가지 문제를 도와준다.

〈PPT 2-2-①, ②〉

생각해 보기: 또래상담자의 역할에 맞는 것일까? 아닐까?

☺ 해리포터에게 다가온 헤르미온느와 론

정답: ○. 해리포터에게 헤르미온느와 론이 다가와 친구가 되어 주는 모습은 또래상담자의 모습이지요~~

☺ 램프의 요정 지니

정답: ×. 또래상담자는 친구의 바람을 모두 들어주는 요술쟁이는 아니에요. ^^

ppt 2-1 또래상담의 의미

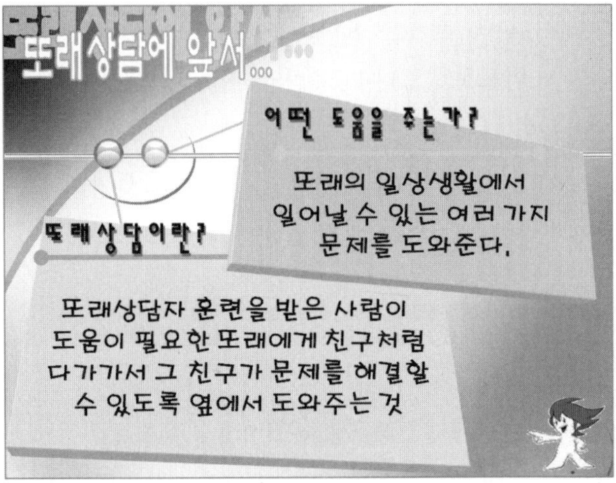

ppt 2-2-① 또래상담자 역할

ppt 2-2-② 또래상담자 역할

4) 조 이름 정하기

(1) 1회기에서 했던 워밍업 놀이를 활용해 한 모둠당 5~6명이 되도록 모둠을 구성한다.

(2) 조별로 조 이름, 구호 등을 의논해서 정하도록 5분 정도의 시간을 주고 정한 조 이름과 구호를 발표하도록 한다.

(3) 간단한 상품을 준비해 적극적으로 준비한 팀에게 선물을 제공하면 참여도를 높일 수 있고 흥미도 유발할 수 있다.

5) 또래상담 퀴즈왕

(1) 〈PPT 2-3〉 또래상담 퀴즈왕 문제를 하나씩 보여 주며 퀴즈 맞추기 게임을 진행한다(ppt 활용이 어렵다면 지도자가 사회를 보는 형식으로 진행한다.).

(2) 모둠별 경쟁, 혹은 전체 ○×퀴즈 형식 등 다양한 형태의 퀴즈 프로그램으로 참석자의 흥미를 유발한다.

(3) 또래상담자의 역할로 맞는다고 생각되면 '○', 그렇지 않으면 '×'

문 제	정답
처음 들어온 친구에게 말을 건넨다.	○
돈 문제로 어려움을 겪고 있는 친구에게 돈을 꿔 준다.	×
성적이 떨어져서 고민을 하고 있는 친구를 위로해 준다.	○
아파서 누워 있는 친구에게 다가가서 위로하며 관심을 보여 준다.	○
검정고시를 보는 친구를 위해 답안지를 살짝 보여 준다.	×
진로문제를 고민하는 친구에게 진로 관련 책자를 구해서 보여 주거나 상담실의 심리검사를 소개해 준다.	○
내가 도와주기 어려운 친구는 선생님과 상담할 수 있도록 도와준다.	○
안 좋은 일을 계획하는 동생을 조용히 타이른다.	○
병극이를 괴롭히는 상호를 다른 또래상담자와 합심해서 혼내 준다.	×
면회 오는 사람이 없는 친구와 간식을 나누어 먹는다.	○

(ppt 2-3) 또래상담 퀴즈왕

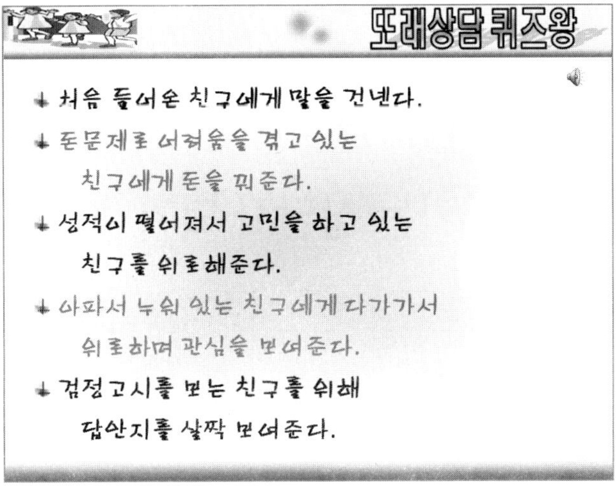

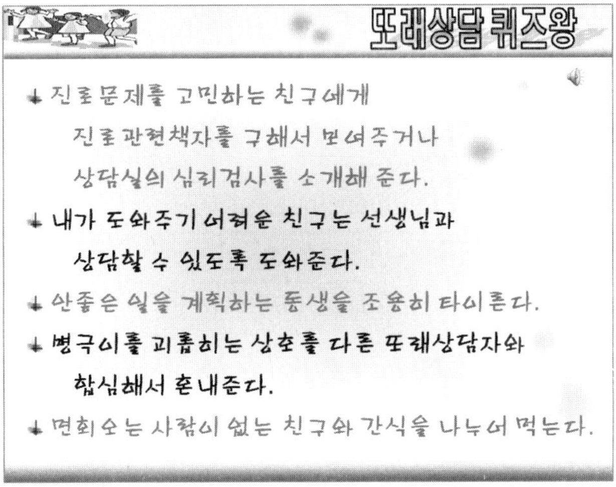

〈3회기〉

다가가는 상담자 되기 (1)

맞아 맞아! BEST

내 마음을 나눈 친구

1. 목표

자신 주변에 어떤 친구들이 있는지, 자신은 어떤 친구가 되고 있는지 되돌아보면서 '친구'의 의미를 생각한다.

2. 준비물

〈활동지 3-1〉 맞아 맞아! BEST, 맞아 맞아! BEST 보드(〈활동지 3-1〉 및 pp. 96-97 내용을 활용하여 제작)〉, 포스트잇, 〈활동지 3-2〉 내 마음을 나눈 친구, 명찰, 필기류, 빔프로젝트, PC, 잔잔한 음악 CD, 스피커

3. 내용

- 맞아 맞아! BEST: 관련 내용 Q & A
- 내 마음을 나눈 친구: 자신의 고민을 들어준 친구와의 경험 나누기

4. 세부 진행 절차

1) 맞아 맞아! BEST

> 우리는 어려운 일이 생기거나 고민이 있을 때 어떤 친구에게 도움을 받고 싶어 하는지, 또한 갈등이나 고민이 있는 친구를 도울 때 어떤 점이 어려운지에 대한 생각을 나눈다.

(1) 질문에 대한 답을 모둠별로 돌아가면서 하나씩 얘기한다.
(2) 맞아 맞아! BEST 순위에 없는 답을 말했을 경우, 그 집단원의 얼굴에 다른 모둠의 집단원이 포스트잇을 붙인다.
(3) 질문에 대한 답이 모두 끝난 뒤, 집단원들은 얼굴에 붙은 포스트잇을 손을 대지 말고 다양한 방법(불기, 머리 흔들기 등)으로 빨리 뗀다. 가장 늦게 떼는 사람은 집단원을 위해 한 가지 봉사를 한다(예: 뒷정리).

> 맞아 맞아! BEST
>
> 1. 이야기할 친구를 선택할 때 중요하게 고려하는 친구의 특성은?
>   (1순위) 비밀을 지키는 능력이 있는 친구
>   (2순위) 진심으로 들어주는 능력이 있는 친구
>   (3순위) 진실하고 솔직한 친구
>   (4순위) 날 소중하게 인정하는 친구
>   (5순위) 기쁨, 슬픔을 공유할 수 있는 친구

(6순위) 올바른 판단을 내리는 능력이 있는 친구
(7순위) 내가 실수해도 무시 안 하는 친구

2. 고민이나 갈등을 겪고 있는 친구를 도울 때 겪는 어려움
(1순위) 어떻게 해야 할지 막막함
(2순위) 문제를 해결하지 못할 때
(3순위) 적절한 충고나 조언을 못 줌
(4순위) 정보 지식이 부족

〈활동지 3-1〉 맞아 맞아! BEST

맞아 맞아 맞춰 봐!

이야기할 친구를 선택할 때

고민이나 갈등을 겪고 있는 친구를 도울 때 겪는 어려움

2) 내 마음을 나눈 친구

(1) 〈활동지 3-2〉를 활용해 친구에 대해 생각해 보도록 한다(활동지 자료를 PPT로 제시하면 더 효과적이다.).

(2) 잔잔한 음악을 배경으로 하고, 지도자는 부드러운 목소리로 집단원들에게 자신이 힘들 때 다가가서 얘기를 나누었던 친구를 떠올리도록 도와준다.

(3) 친구에 대한 생각이 충분히 됐다고 생각되면, 한 사람씩 돌아가면서 자신이 생각한 친구에 대해 얘기하도록 한다.

ppt 3-1 나를 도와준 친구들

〈활동지 3-2〉 내 마음을 나눈 친구

내 마음을 나눈 친구들

나도 어려운 일로 고민하던 때가 있었죠?
그때 내 곁에서 나를 도와주었던
고마운 친구의 얼굴을 가슴 속에 그려 보세요.

병극이, 선희, 상호, 동환이, 현아…….

나의 고민을 나누었던 친구들의 닮은 점을 찾아볼까요?
어떤 점 때문에 나는 그 친구에게 나의 고민을 얘기했나요?

그 친구는 말이죠…….

〈4회기〉

다가가는 상담자 되기 (2)

어떻게 다가갈까요? 1

어떻게 다가갈까요? 2

마니또 선정하기

다가가기 연습

과제 나가요~~

1. 목표

친구에게 다가가는 방법을 함께 찾는다.

2. 준비물

〈활동지 4-1〉 다가가는 상담자 되기, 〈활동지 4-2〉 다가가는 상담자 되기 실습 예시, 〈활동지 4-3〉 다가가는 상담자 되기 실습 기록지, 상품(역할극), 명찰, 필기류, 빔프로젝트, PC

3. 내용

- 어떻게 다가갈까요? 1: 다가가는 느낌, 다가오는 느낌 경험 활동
- 어떻게 다가갈까요? 2: 다가가기 역할극 (맞아맞아상, 그럴싸상)
- 마니또 선정하기: 마니또 게임
- 다가가기 연습: 다가가기 연습-일지기록
- 과제 나가요~~: 실습 및 일지 작성(3일 실시)

4. 세부 진행 절차

1) 어떻게 다가갈까요? 1

(1) 집단원 모두 원 모양으로 빙 둘러 서 있는다.

(2) 지도자가 〈지시문 4-1〉 다가가는 상담자 되기 1에 있는 지시문을 하나씩 읽으면 집단원은 지시에 따라서 자리를 옮긴다.

(3) 자리가 정리되면, 왜 그 집단원 옆에 섰는지에 대해 한 사람씩 돌아가며 말하고, 선택된 집단원의 느낌도 함께 나눈다.

지시문 4-1 다가가는 상담자 되기 1

다가가는 상담자 되기

- 지시문 1. 제주도 여행을 함께 가고 싶은 친구 옆에 가서 서세요. (이후의 모든 활동 뒤 왜 그 친구 옆에 섰는지 그 이유를 전체적으로 돌아가면서 모두 나눈다.)
- 지시문 2. 문고리가 망가진 화장실에서 큰일 볼 때 망 봐 달라고 부탁하고 싶은 친구는?
- 지시문 3. 창업을 할 때 동업을 해야 한다면 누구와 하고 싶은가요?
- 지시문 4. 밥을 사 주고 싶은 친구는?
- 지시문 5. 고민이 있을 때 가서 얘기하고 의논하고 싶은 친구는?

2) 어떻게 다가갈까요? 2

(1) 지도자는 〈PPT 4-1〉을 통해 다가가는 친구 되기 역할극을 설명한다.

(2) 모둠별로 역할극을 한 후 소감과 함께 수상자를 뽑는다.

ppt 4–1 다가가는 상담자 되기

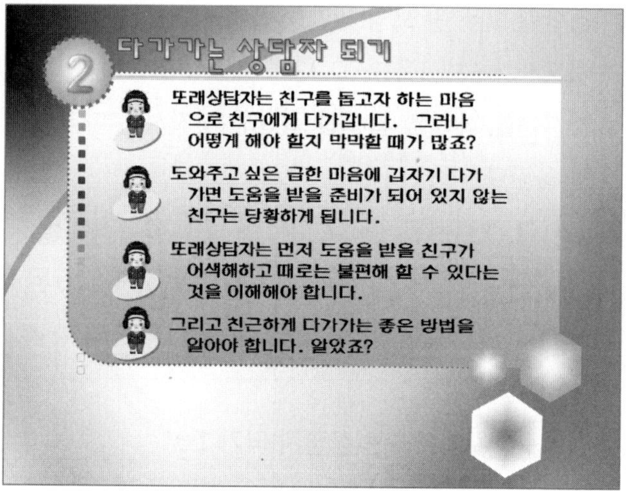

〈활동지 4-1〉 다가가는 상담자 되기

다가가는 상담자 되기

용일이는 반에서 친구들에게 따돌림을 당하는 친구다. 오늘도 용일이는 점심시간에 평소와 같이 혼자 만화책을 보고 있다. 또래상담자가 된 병극이는 용일이를 상담하려고 하는데…….

팀별로 역할극을 준비해 보세요.

오늘의 수상팀

- 맞아맞아상(상품: 아주 좋은 거)-

- 그럴싸상(상품: 좋은 거)-

3) 마니또 선정하기

(1) 쪽지에 각자 이름을 적어 준비된 상자에 넣는다.

(2) 쪽지들이 잘 섞이도록 한다.

(3) 상자를 오른쪽으로 돌리면서 한 사람씩 쪽지 하나를 꺼내어 이름을 확인한다.

(4) 자기 이름을 뽑았을 경우는 쪽지를 상자에 넣고 다른 쪽지를 꺼내도록 한다.

(5) 쪽지에 적힌 사람이 자기의 마니또임을 설명해 주고, 프로그램이 끝날 때까지 마니또에게 해 줄 선행 등에 대해 알려준다.

4) 다가가기 연습

- 〈활동지 4-2〉를 통해 다가가기 일지 기록 연습을 해 본다.

5) 과제 나가요~~

- 실습 내용을 토대로 앞으로 3일 동안 주위 친구들을 대상으로 다가가는 연습을 해 보고 그 내용을 다음 페이지에 있는 실습용지에 기록해 오도록 한다.

〈활동지 4-2〉 다가가는 상담자 되기 실습 예시

다가가는 상담자 되기 실습

	날 짜	언 제	누구에게
	6/7	점심시간	병득이
왜	어제 선생님에게 혼나고 계속 기분이 안 좋은 것 같았다.		
어떻게 다가갔는가?	같이 축구하러 가자고 하면서 다가감		
느낌	처음엔 어색했는데, 시간이 지나면서 조금 괜찮아졌다.		
어떤 얘기	축구하기 싫다고 하길래 그냥 옆에 앉아서 이런저런 얘기를 했다. 평소에 그리 친한 사이가 아니라서 처음부터 기분 얘기를 하기가 어색해서 병득이가 좋아하는 보아에 대해서 얘기했다.		
결과	보아 얘기를 하면서 병득이 기분이 조금 나아진 것 같았고 이전보다 나와 친해진 느낌이 들었다.		
다음을 위한 충고	처음엔 떨리고 어색해서 말이 잘 안 나왔다. 그래도 서로 친해질 수 있었으니 일단은 잘돼 가고 있는 것 같다.		

〈활동지 4-3 〉 다가가는 상담자 되기 실습 기록지

다가가는 상담자 되기 실습

	날 짜	언 제	누구에게
왜			
어떻게 다가갔는가?			
느낌			
어떤 얘기			
결과			
다음을 위한 충고			

〈5회기〉

대화하는 상담자 되기 (1)

1. 목표

- 경청의 방법에 대해 학습하고 실습을 통해 충분히 익힌다.

2. 준비물

명찰, 필기류, 빔프로젝트, PC

3. 내용

- 돼지뽕 게임: 게임을 통해 언어-비언어 중요성 실감
- 내 마음을 들어줘: 듣기/안 듣기 게임
- 경청의 기본자세: 경청의 기본자세를 익힌다.

4. 세부 진행 절차

1) 돼지뽕 게임(워밍업)

(1) 전체 집단원이 빙 둘러앉는다.

(2) "돼지" 할 때는 방긋 웃어야 하며, "뽕" 할 때는 무표정으로 한다.

(3) "돼지"는 진행 방향을 그대로 진행시킬 때 사용하고, "뽕"은 진행의 방향을 바꿀 때 사용한다.

(4) 술래는 오른쪽, 왼쪽 중 임의로 방향을 정해서 "돼지"로

게임을 시작한다.

(5) 술래 옆에서 "돼지"를 받은 사람은, 방향을 그대로 유지하려면 오던 방향 그대로 "돼지"하고, 방향을 바꾸려면 진행 방향을 바꿔서 "뽕"을 한다(예: 술래가 자신의 오른쪽에 있는 사람을 향해 "돼지"라고 하면, 오른쪽에 있는 사람은 진행 방향을 오른쪽 그대로 유지하고 싶으면 자신의 오른쪽에 있는 사람에게 "돼지"하며 방긋 웃는다. 만약 방향을 왼쪽으로 바꾸고 싶으면 왼쪽 사람에게 "뽕"을 외치면 된다.).

(6) 지도자는 언어-비언어 중요성에 대한 간단한 설명을 한다.

지도자 멘트

우리가 누군가와 소통을 할 때는 언어를 사용하거나 비언어, 즉 몸짓이나 태도, 눈빛, 말투 등을 사용합니다. 때로는 언어보다 비언어가 더욱 중요하기도 합니다.
"돼지뽕"게임을 하면서 어땠나요?
"돼지"는 그냥 돼지를 지칭하는 단어이지만, 게임을 하면서 애정 있는 말투로 방긋 웃으면서 말하니 재밌고 기분이 좋았죠?
"뽕"은 어땠나요? 무표정하거나 화난 얼굴로, 떫은 표정으로 무뚝뚝하게 "뽕"하니까 괜히 긴장되죠?
간혹 실수로 "뽕"을 말하면서 방긋 웃거나 "돼지" 하면서 무뚝뚝한 표정을 지을 때 느낌이 상당히 달랐죠?
우리가 쓰는 언어는 나의 의사를 전달하는 중요한 수단이기도 하지만, 비언어를 어떻게 사용하는가에 따라 내가 전달하고자 하는 의사에는 많은 변화가 있게 됩니다.

2) 내 마음을 들어줘

(1) 지도자는 〈PPT 5-1〉을 읽어 주며 활동에 대한 안내를 한다.

(2) 2명씩 짝지어 말하는 사람과 듣는 사람을 정한다.

(3) 말하는 사람은 최근 자신의 경험 중 기분이 상했던 일에 대해 이야기를 하고 듣는 사람은 딴청을 하거나 무시하는 등 여러 방법을 동원해서 안 들어준다(1분 30초).

(4) 말하는 사람이 얘기를 하면 듣는 사람은 최선을 다해서 들어준다. 단, 지도자는 시간이 앞의 게임과 동일하다고 말한 뒤 실제로는 30초 더 준다(2분).

(5) 게임이 끝난 후 지도자는 안 들어주기 게임과 들어주기 게임의 시간이 차이가 있었다는 것을 알려 준다.

(6) 먼저 말하는 사람의 역할을 했던 집단원이 소감을 나누고, 듣는 사람의 역할을 했던 집단원이 소감을 나눈다.

3) 경청의 기본자세

(1) '내 마음을 들어줘'를 통해 상대방의 이야기를 잘 듣는 것과 그렇지 못한 것의 차이를 인식한 후, 경청하는 방법을 배워 본다.

(2) 〈PPT 5-2〉 대화의 자세를 활용하여 올바른 대화 자세를 실습해 본다.

ppt 5-1 경청이란?

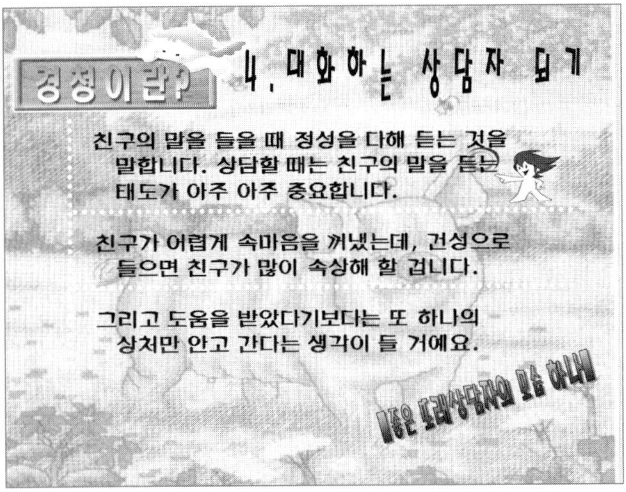

ppt 5-2 대화의 자세

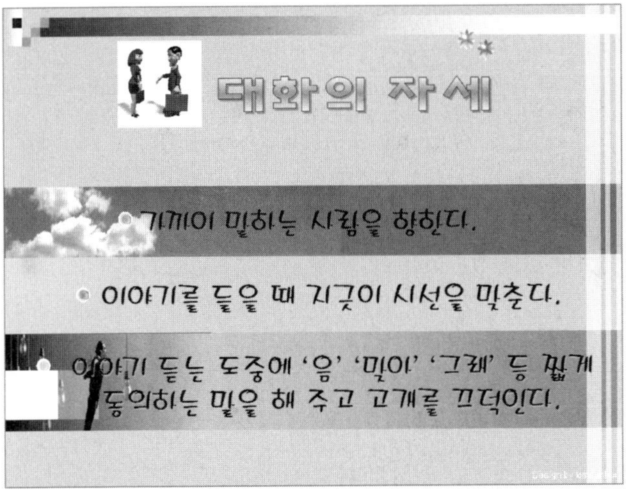

〈6회기〉

대화하는 상담자 되기 (2)

말문 막는 Q, 말문 여는 Q

어기역차 배우기

어기역차 실습하기

과제: 어기역차 일지

1. 목표

- 개방형 질문과 폐쇄형 질문을 구분할 줄 알고 일상대화에 적용할 수 있다.
- 대화를 잘 이끌어 가기 위한 전략인 '어기역차'를 배우고 실습을 통해 충분히 익힌다.

2. 준비물

〈활동지 6-1〉, 〈활동지 6-2〉 영차영차 어기역차, 〈활동지 6-3〉 어기역차 연습해 보기, 필기구, 어기역차 일지, 빔프로젝트, PC

3. 내용

- 말문 막는 Q, 말문 여는 Q: 질문법! 제대로 알면 성공이 보인다.
- 어기역차 배우기
- 어기역차 실습하기
- 과제: 어기역차 일지 써 오기

4. 세부 진행 절차

1) 말문 막는 Q, 말문 여는 Q

(1) 모둠별로 앉힌다.

(2) 〈PPT 6-1〉을 통해 개방형 질문과 폐쇄형 질문의 차이를 알려 준다.

(3) 〈활동지 6-1〉을 활용하여 집단원 각자가 경험을 떠올리며 자신의 주된 질문법은 무엇인지 생각해 보도록 한다.

(4) 모둠별로 한 명씩 발표하도록 하고, 지도자가 피드백을 준다.

(5) step 2로 개방형 질문을 1~2개 만들어 보도록 하고, 지도자가 모둠을 다니며 개별 피드백을 준다.

ppt 6-1 질문법

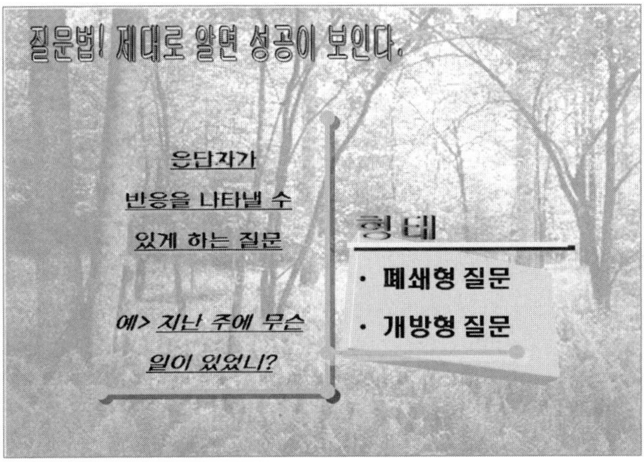

(보강자료) 질문법! 제대로 알면 성공이 보인다

질문법! 제대로 알면 성공이 보인다

- 폐쇄형 질문-상대방으로 하여금 "예" "아니요"로 답하게 만드는 질문

  예) 빈: 희야, 밥 먹었냐?
  희: 응…….
  빈: 혹시 오늘 기분 나쁜 일 있었어?
  희: 아니…….

- 개방형 질문-상대방으로 하여금 다양한 대답을 할 수 있게 만드는 질문

  예) 또식: 춘자야, 어제 저녁시간에 뭐하고 놀았어?
  춘자: 인터넷으로 만화 봤는데 짱 웃겼어.
  또식: 그래? 재밌었겠네. 무슨 만화였는지 얘기 좀 해 줄래?
  춘자: 그게 뭐였냐면~ (쫑알쫑알)

〈활동지 6-1〉

Step 1. 생각해 봅시다.

요즘 내가 친구들과 얘기할 때 자주 사용하는 질문법은 무엇인가요? 생각해 보고, 어제 오늘 친구와 나눈 간단한 대화 중 기억에 나는 것을 적어 봅시다.

나:

친구:

나:

친구:

Step 2. 연습해 봅시다.

방금 배운 개방형 질문을 한 번 만들어 볼까요?

2) 어기역차 배우기

(1) 어기역차 전략을 활용하기 전에 이전 시간에 배운 공감하기, 경청하기, 말문을 여는 질문법 등을 통해 상대방이 나에게 마음을 열 수 있도록 하는 사전 작업이 필요함을 안내한다.

(2) '어기역차' 전략에 대해 집단원들에게 설명한다(〈활동지 6-2〉의 내용을 PPT자료로 보여 주면서 설명하면 더 효과적이다.).

3) 어기역차 실습하기

(1) 각자 실습용지에 있는 예화를 보며 어기역차 전략에 맞추어 어떻게 대화를 이끌어 갈지 작성해 보도록 한다.

> 어: 검정고시를 포기한다니 갑자기 왜 그래. 무슨 일 있어?
> 기: 그랬구나. 기운 날 일이 없으니 많이 힘들었겠다.
> 역: 나도 상호 너 같은 상황이었으면 많이 괴로워했을 것 같아.
> 차: 많이 힘들겠지만 내 생각에는 분명 좋은 결과가 있을 것 같아. 그동안 고생한 것을 생각하면서 조금만 더 힘내 보면 어떨까?

(2) 2~3명 정도 자기가 작성한 어기역차 전략을 발표해 보도록 하고 지도자가 그에 대한 피드백을 제공한다.

(3) 3명씩 짝을 구성하도록 한다.

(4) 1명은 내담자, 1명은 상담자, 1명은 관찰자 역할을 맡는다.

(5) 내담자 역할을 맡은 집단원은 자신의 고민을 얘기하고 상담자는 내담자가 고민을 잘 얘기할 수 있도록 어기역차 전략을 활용하여 상담을 진행한다. 관찰자는 상담자가 어기역차 전략을 잘 활용하는지 체크한다.

(6) 관찰자 역할을 맡은 집단원이 상담자의 실습 결과에 대해 피드백을 준 후, 역할을 바꿔 돌아가면서 각 역할을 한 번씩 경험하도록 한다.

(7) 〈활동지 6-3〉을 나눠 주고 다음 시간까지 주변의 동료를 대상으로 어기역차 전략을 사용하여 대화해 보는 것을 과제로 제시한다.

〈활동지 6-2〉 영차영차 어기역차

Step 1. 배워 봅시다.

어: 어떤 이야기인지 잘 들어줍니다.
　-네가 그렇게 말을 하는 걸 보니 뭔가 이유가 있을 것 같다.
　-그 이유가 뭔지 나한테 한 번 말해 볼래?
기: 기분을 이해해 줍니다.
역: 역지사지(공감)해 봅니다.
　-네 입장에서 생각해 보니 나라도 그랬을 것 같아.
차: 생각의 차이가 있음을 인정합니다.
　-그래도 내가 네 상황이라면 조금 다르게 볼 것 같아.
　-(서로의 의견이 계속 평행선을 달릴 때) 그래, 우리의 생각이 정말 다르구나. 네 입장에서는 그렇게 생각할 수도 있겠지만, 한 번 더 생각해 보기를 바라.
　→ 생각의 차이를 인정하기

Step 2. 연습해 봅시다.

상호가 검정고시 준비를 하면서 짜증이 많이 는 것 같다. 성적이 어느 정도 잘 나오다가 시험을 한 달 앞두고 총점이 떨어지기 시작했다. 요즘 집에서 면회도 잘 오지 않는 바람에 마음이 무거워져서 그런 것 같다고 한다. 오늘은 나에게 "성적이 떨어지니 더 이상 공부하기도 싫어져. 아예 검정고시를 포기할까 봐." 라고 말했다.

어:

기:

역:

차:

출처: 이상희 · 노성덕 · 이지은(2000). **초 · 중 · 고 단계별 또래상담 프로그램 개발연구**. 한국청소년상담원.

〈활동지 6-3〉 어기역차 연습해 보기

Step 1. 어기역차 전략을 복습해 볼까요?

어: 어떤 이야기인지 잘 들어줍니다.

-네가 그렇게 말을 하는 걸 보니 뭔가 이유가 있을 것 같다.

-그 이유가 뭔지 나한테 한 번 말해 볼래?

기: 기분을 이해해 줍니다.

역: 역지사지(공감)해 봅니다.

-네 입장에서 생각해 보니 나라도 그랬을 것 같아.

차: 생각의 차이가 있음을 인정합니다.

-그래도 내가 네 상황이라면 조금 다르게 볼 것 같아.

-(서로의 의견이 계속 평행선을 달릴 때) 그래, 우리의 생각이 정말 다르구나. 네 입장에서는 그렇게 생각할 수도 있겠지만, 한 번 더 생각해 보기를 바라.

→ 생각의 차이를 인정하기

Step 2. 주변 친구 중 한 명에게 어기역차 전략을 사용해서 대화해 봅시다.

친구의 상황을 여기에 기록하세요.

어:

기:

역:

차:

출처: 이상희 · 노성덕 · 이지은(2000). **초 · 중 · 고 단계별 또래상담 프로그램 개발연구**. 한국청소년상담원.

〈7회기〉

도움 주는 상담자 되기 (1)

타잔과 제인(워밍업)

마음 다스리기(합리적 사고 연습)

Stop! 릴랙스~릴랙스~

1. 목표

- 합리적 사고 연습을 통해 마음을 다스리는 방법을 학습한다.
- 분노 감정이 생길 때 이를 다스릴 수 있는 방법을 학습한다.

2. 준비물

〈활동지 7-1〉 마음 다스리기, 〈활동지 7-2〉 Stop! 릴랙스~ 릴랙스~, 필기구

3. 내용

- 타잔과 제인
- 마음 다스리기(합리적 사고 연습)
- STOP! 릴랙스~릴랙스~

4. 세부 진행 절차

1) 타잔과 제인(워밍업)

(1) 2명씩 짝을 지어 마주보게 하고 가위바위보를 시킨다.
(2) 이긴 사람은 타잔, 진 사람은 제인 역할을 맡게 한다.
(3) 서로 마주보고 손등이 위로 가게 왼손을 마주 잡는다.
(4) 지도자가 이야기를 꾸며서 하는 중에 "타잔"이라는 말

이 나오면 타잔이 제인 손등을 오른손으로 때린다. 반대로 "제인"이라는 말이 나오면 제인이 타잔의 손등을 때린다.

(5) 어디까지나 게임이므로 너무 세게 때리지 않도록 하고, 약간 아프더라도 화를 내지 않고 참을 것을 강조한다.

(6) 〈워밍업〉 자료의 예화를 통해 게임을 진행한다.

(7) 제인이 많이 맞는 상황이 전개되므로, 게임이 끝난 후 제인을 체험한 집단원의 느낌을 나눠 보게 한다.

워밍업 타잔과 제인

옛날 아프리카 한 정글에 타잔과 제인이 행복하게 살고 있었습니다. 그런데 하루는 타잔과 제인이 부부싸움을 했답니다. 그래서 화가 난 타잔이 그만 집을 나갔습니다. 몇 시간이 지나도 타잔이 돌아오지 않자 결국 걱정이 된 제인이 타잔을 찾아 나섰습니다. 먼저 앞집에 가서 물어봤죠.

"할아버지, 제 남편 타잔 보셨나요?"
"아니, 당신 남편 타잔 못 봤는데."

그래서 이번에는 뒷집에 가서 물어봤습니다.
"아주머니, 저희 남편 타잔 보셨어요?"
"아니, 당신 남편 타잔 못 봤는데."

찾다 못한 제인은 타잔이 자주 간다는 산에 올라가서 외쳤습니다.
"타잔~!!!"
그런데 산에는 무엇이 있죠? 그렇죠, 메아리가 있지요. 앞산에서 타잔 타잔 타잔 타잔 타잔잔잔잔잔, 뒷산에서도 타잔 타잔 타잔 타잔 타잔잔잔잔잔, 옆산에서도 타잔 타잔 타잔 타잔 타잔잔잔잔잔, 우리학교 뒷산에서도 타잔 타잔 타잔 타잔 타잔잔잔잔잔 하고 메아리가 쳤어요. 그런데 바로 위에 나무에서 타잔이 잠에서 깨면서 "나 여기 있어." 얘기 끝!!

제인이 억울하다고요? 그럼 제인으로 해 볼까요?
진 사람이 좋아서 난리네. 한 번 더하죠.
하루는 타잔과 제인이 부부싸움을 해서 제인이 집을 나갔습니다.
타잔이 앞집에 가서 물었습니다.
"혹시 제 부인 못 보셨어요?"
"아니, 당신 부인 못 봤는데."
"옆집에 가서 혹시 제 부인 못 보셨어요?"
"아니, 당신 부인 못 봤는데요."
찾다가 못 찾자 제인이 자주 가는 동굴에 가 보니 제인이 있었대요. 메롱!

2) 마음 다스리기

(1) 〈활동지 7-1〉 Step 1의 비합리적 사고와 합리적 사고에 대해 설명한다.

(2) 〈활동지 7-1〉 Step 2의 예문으로 비합리적 사고와 합리적 사고에 대해 구체적으로 학습해 본다.

① 나는 모든 사람에게 사랑받아야 해.

⇨ 내가 모든 사람에게 사랑받을 수 있으면 좋겠지만 꼭 그래야만 하는 것은 아니야. 누군가에게는 사랑받겠지만 나를 싫어하는 사람들도 있을 수 있어.

② 좋은 친구는 절대로 화를 내선 안 돼!

⇨ 좋은 친구라도 화를 낼 때가 있어.

③ 성공해서 돈을 잘 버는 것만이 행복하게 사는 길이야.

⇨ 성공해서 돈을 잘 벌면 좋겠지만 꼭 그래야지만 행복하게 사는 것은 아니야. 다른 방법도 있을 수 있어.

④ 나에게 친절하게 대하는 사람은 좋은 사람이고, 나를 야단치는 사람은 나쁜 사람이야.

⇨ 나에게 친절하든 그렇지 않든 그것은 좋고 나쁜 사람인 것과는 별개야.

〈활동지 7-1〉 마음 다스리기(합리적 사고 연습)

Step 1. 배워 봅시다.

- 비합리적 사고란
  1) 당위적인 생각: A는 반드시 B해야 해!
  2) 극단적인 생각: 반드시, 절대로, 한 번도, 언제나 등의 단어가 들어간 표현
  3) 이분법적인 생각: 나를 좋아하면 착하고 나를 싫어하면 나쁘다.
- 합리적 사고란

  비합리적인 사고의 틀을 벗어나 유연하고 적응력 있는 사고방식
  1) A가 반드시 B해야 하는 것은 아니야.
  2) 반드시, 절대로 등과 같은 극단적인 표현을 사용하지 않는다.
  3) 나를 좋아하거나 싫어하는 것은 착하고 나쁜 것과는 별개야.

Step 2. 연습해 봅시다.

- 다음 예문을 합리적인 사고를 사용한 표현으로 고쳐 봅시다.

  1) 나는 모든 사람에게서 사랑받아야 해.

  2) 좋은 친구는 절대로 화를 내선 안 돼!

  3) 성공해서 돈을 잘 버는 것만이 행복하게 사는 길이야.

  4) 나에게 친절하게 대하는 사람은 좋은 사람이고, 나를 야단치는 사람은 나쁜 사람이야.

3) Stop! 릴랙스~릴랙스~

(1) 〈활동지 7-2〉 Step 1 '화가 나면 우리는?' 활동지를 통해 분노 상태에서 외형적인 변화에 대해 살펴본다.

- 얼굴: 붉으락푸르락, 눈초리가 올라가고 동공 확장
- 목소리: 평소보다 커지고 위협적인 발성
- 숨소리: 거칠어지며 평소보다 빨라짐
- 태도: 위압적, 폭력적
- 혈압: 보이지는 않지만 올라가겠지요?

(〈활동지 7-2〉를 PPT 자료로 제시하면 더 효과적이다.)

(2) 화가 났을 때 대처하는 방법(Step 2)

- 우선 마음속으로 'Stop!!'을 외치며 지금 나의 감정이나 행동을 일단 멈춘다.
- 무조건 그 자리를 피한다.
- 마음속으로 '릴랙스~릴랙스~' 하면서 내가 지금 해야 할 말이나 행동에 대해 한 번 더 생각해 본다.

〈활동지 7-2〉 Stop! 릴랙스~릴랙스~

Step 1. 화가 나면 우리는?

1) 얼굴:
2) 목소리:
3) 숨소리:
4) 태도:
5) 혈압:

Step 2. 화가 났을 땐 이렇게 합시다.

〈8회기〉

도움 주는 상담자 되기 (2)

상담자 역할 체험(워밍업)

원무지계 전략 배우기

원무지계 게임

원무지계 실습

1. 목표

원무지계 전략을 통해 도움 주는 대화법을 학습한다.

2. 준비물

의자 6개, 눈가리개(손수건, 마스크, 종이컵 등), 〈활동지 8-1〉 원무지계 전략, 〈활동지 8-2〉 원무지계 전략 실습해 보기, 필기구

3. 내용

- 상담자 역할 체험(워밍업): 눈을 가리고 안내 받기
- 원무지계 전략 배우기: 활동지를 통해 원무지계 전략 배우기
- 원무지계 게임: 원(빨) · 무(노) · 지(초) · 계(파) 판에 내용 넣기
- 원무지계 실습

4. 세부 진행 절차

1) 상담자 역할 체험(워밍업)

(1) 집단을 크게 2팀으로 나누고, 2명씩 짝을 짓게 한다.

(2) 각 팀 앞에 의자 3개를 일정 간격을 두고 일직선으로 놓는다.

(3) 짝 중 1명은 눈을 가린 내담자, 1명은 그 앞에 서서 짝을 리드하는 상담자 역할을 한다.

(4) 지도자가 출발을 외치면 상담자는 내담자 앞에 서서 내담자가 앞에 놓인 의자 사이사이를 돌아 출발점으로 올 수 있도록 이끈다. 이때 상담자는 내담자의 손을 잡아서는 안 되며 말, 박수 소리 등으로만 이끌어야 한다.

(5) 한 팀씩 진행해서 보다 많이 이긴 팀이 이기게 된다.

(6) 상담자와 내담자 역할을 한 소감을 나눈다.

〈활동지 8-1〉 원무지계 전략

Step 1. 놀아 봅시다.

- 상담자 역할 체험하기

  선생님과 친구들과 함께 해 볼까요?

Step 2. 배워 봅시다.

- 도움 주는 대화란

  도움 주는 대화란 무엇일까? 궁금하시다고요?

  원무지계 전략으로 시원하게 해결해 드리겠습니다.

- 원무지계 전략

  원: 원하는 것이 무엇인지 파악한다.

  –원하는 것이 뭐니?, 넌 뭘 하고 싶은데?, 어떻게 하면 좋을까?

  무: 무엇을 해 봤는지 확인한다.

  –무엇을 해 봤니?, 네가 원하는 것을 얻기 위해 어떻게 해 봤는데?

  지: 지금부터 무엇을 해야 할지 찾아본다.

  –지금부터 무엇을 해야 할까? 무엇을 할 수 있을지 방법을 찾아보자.

  계: 계획을 세워 보자.

  –지금부터 할 수 있는 가능한 실천계획을 작은 것부터 차근차근 세워 보자.

출처: 이상희 · 노성덕 · 이지은(2000). **초 · 중 · 고 단계별 또래상담 프로그램 개발연구**. 한국청소년상담원.

2) 원무지계 전략 배우기

〈활동지 8-1〉을 보며 원무지계 전략에 대해 지도자가 설명한다.

3) 원무지계 게임

원(빨) · 무(노) · 지(초) · 계(파) 판에 내용 넣기

4) 원무지계 실습

(1) 각자 실습용지에 있는 예화를 보며 원무지계 전략에 맞추어 어떻게 대화를 이끌어 갈지 작성해 보도록 한다.

원: 그래, 성덕아. 이래저래 상황이 많이 힘들겠지만, 네가 원하는 게 있을 것 같아. 혹시 뭔지 얘기해 줄 수 있을까?

무: 지금 상황을 해결하기 위해 그동안 무엇을 해 봤니?

지: 그랬구나……. 그러면 지금부터 우리가 할 수 있는 일이 무엇인지 함께 찾아보도록 하자.

계: 처음부터 세게 나가는 것보다는 작은 것부터 차근차근 한다고 생각하고 계획을 세워 보자.

(2) 2~3명 정도 자기가 작성한 원무지계 전략을 발표해 보도록 하고 지도자가 그에 대한 피드백을 제공한다.

(3) 3명씩 짝을 구성하도록 한다.

(4) 1명은 내담자, 1명은 상담자, 1명은 관찰자 역할을 맡는다.

(5) 내담자 역할을 맡은 집단원은 자신의 고민을 얘기하고 상담자는 내담자가 해결방법을 찾을 수 있도록 원무지계 전략을 활용하여 상담을 진행한다. 관찰자는 상담자가 원무지계 전략을 잘 활용하는지 체크한다.

(6) 관찰자 역할을 맡은 집단원이 상담자의 실습 결과에 대해 피드백을 준 후, 역할을 바꿔 돌아가면서 각 역할을 한 번씩 경험하도록 한다.

〈활동지 8-2〉 원무지계 전략 실습해 보기

- 다음 사례를 읽고 어떻게 친구를 도와줄지 원무지계 전략에 맞춰 연습해 봅시다.

성덕이는 요즘 짜증이 부쩍 늘었다. 아버지가 실직을 당하시면서 집안 형편이 어려워져서인지 면회도 자주 오시지 않는다. 게다가 사귀던 여자친구와 헤어졌는지 편지도 오지 않는 것 같다. 오늘은 검정고시반에 침울하게 혼자 앉아 있다.

원:

무:

지:

계:

〈9회기〉

도움 주는 상담자 되기 (3)

1. 목표

- 집단원 간의 피드백을 통해 자신의 장단점을 인식하며 또래상담 프로그램을 하면서 변화된 자신의 모습을 되돌아본다.
- 또래상담자의 역할을 정리하며 프로그램을 마무리한다.

2. 준비물

의자 6개, 눈가리개(손수건, 마스크 등), 필기구, 〈활동지 9-1〉 친구들이 보는 나의 모습은, 〈활동지 9-2〉 마음의 선물

3. 내용

- 누구인지 맞춰 봐요: 워밍업
- 우리가 할 일: 또래상담자의 다양한 활동
- 친구들이 보는 나의 모습은: 나의 좋은 점, 아쉬운 점 소감 발표
- 마음의 선물 나누기: 마음의 선물을 나누고 공개한 후 소감 발표
- 마니또 게임(종료): 마니또 소감

4. 세부 진행 절차

1) 누구인지 맞춰 봐요(워밍업)

(1) 전체 집단원이 빙 둘러앉는다.
(2) A4지 1/4를 나눠 주고 자신에 관한 어떤 것이라도 몇 가지 써서 상자에 넣게 한다(예: 과일을 좋아해요, 수영을 잘해요, 화를 잘 내요 등).
(3) 지도자가 상자에서 한 장을 꺼내어 모두에게 큰 소리로 읽어 준 후에 "이것은 누구일까요?"하고 물으면 집단원들은 그가 누구인지 추측해 본다.
(4) 추측된 사람을 종이 뒷면에 적은 후, 실제 적은 사람이 누구인지 밝힌다.
(5) 시계 방향으로 돌아가며 다음 사람이 같은 방법으로 진행한다.

2) 우리가 할 일

- 또래상담자가 친구들을 위해 도움을 주는 활동을 찾아보도록 한다. 조별로 또래상담자가 할 수 있는 다양한 활동에 대한 아이디어 회의를 한 뒤 발표한다.

발표자료 예시

도움을 주는 활동 찾아보기

- 다른 친구 소개해 주기
- 시설(학교) 소개해 주기
- (방)호실 분위기 알려 주기
- 새로운 친구를 위해서 이벤트 열어 주기
- 생일 때 편지 써 주기
- 일주일마다 서로 대화할 수 있는 자리 만들기
- 아플 때 약 타다 주기
- 부족한 물품 서로 챙겨 주기
- 콩 한 쪽이라도 나눠 먹기
- 면회 오는 사람이 없는 친구를 위해 이벤트 열어 주기
- 시험 보는 친구들에게 응원의 메시지와 엿 주기
- 어버이날, 스승의 날에 사랑의 우편 배달하기

※ 본 자료는 실제 프로그램에서 나온 내용입니다.

3) 친구들이 보는 나의 모습은

(1) 〈활동지 9-1〉 친구들이 보는 나의 모습을 집단원에게 나눠 준 후 우측 상단에 자신의 이름을 적게 한다.

(2) 집단원 중 한 사람 A를 지목하면, A는 친구들이 자신에게 주는 피드백을 종이에 적을 준비를 한다.

(3) 집단원들이 한 사람씩 돌아가면서 A의 좋은 점을 짧은 말로 말하면, A는 그 내용을 그대로 자신의 활동지에 쓴다. 이런 방법으로 한 사람당 적어도 2가지 이상씩 A의 좋은 점을 말하도록 한다(한 사람씩 돌아가면서 말해 주는 방법도 좋지만, 무작위로 돌아가면서 좋은 점에 대해서 경쟁적으로 쏟아내게 하는 방법이 더 재미있고 효과도 좋다.).

(4) 같은 방법으로 집단원들은 A에게 아쉬운 점, 개선해야 할 점을 말하고 A는 그 내용을 받아 적는다.

(5) 집단원들이 모두 자신의 좋은 점, 아쉬운 점을 받아 적고 나면, 한사람씩 자신이 받아 적은 내용을 발표하고 그중 가장 인상에 남거나 마음에 드는 내용이 무엇인지를 이유와 함께 말하고 자신의 소감을 나눈다.

지도자 멘트

그동안 프로그램에 참여하면서 친구들을 더욱 잘 알게 되었을 거예요.
이 시간에는 자신이 느끼는 친구의 좋은 점과 고쳤으면 하는 점을 서로 적어 주는 시간을 가지려고 합니다.

다른 사람의 눈에 비친 자신의 모습을 아는 데 도움이 될 거예요.
(자신의 모습을 객관적으로 알아보는 데 도움이 될 거예요.)
솔직히게 우리 한 번 말해 볼까요?

4) 마음의 선물 나누기

(1) 전체 집단원이 빙 둘러앉는다.
(2) 〈활동지 9-2〉 마음의 선물을 나눠 주고 우측 상단에 자신의 이름(혹은 별칭)을 적게 한다.
(3) 집단원들은 다른 사람에게 주고 싶은 선물을 준비된 메모지에 적거나 그림 등으로 표현하도록 한다.
(4) 선물이 모두 준비되면 각자 나누어 준다(마치 산타클로스가 선물을 나누어 주듯이 축제 분위기로 즐겁게).
(5) 선물 증정이 끝나면, 집단원은 한 사람씩 돌아가며 자신이 받은 선물 항목을 발표하고, 그중 가장에 마음에 드는 것을 이유와 함께 얘기한 후 소감을 발표하게 한다.

5) 마니또 게임(종료)

(1) 4회기부터 시작한 마니또 게임을 정리한다.
(2) 서로의 마니또를 밝히고 마니또로부터 받은 것, 자신의 마니또에게 준 것이 무엇인지 함께 나누는 시간을 가진다.

〈활동지 9-1〉 친구들이 보는 나의 모습은

이름: ______________

1. 친구야, 너의 이런 모습은 참 좋다.

2. 친구야, 너의 이런 부분이 변화되면 더 멋질 거야(아쉬워~).

〈활동지 9-2〉 마음의 선물

마음의 선물 주기

이 름: ______________

〈10회기〉

평가 및 마무리

프로그램 요약 및 평가

수료증 수여식 및 축하 파티

1. 목표

- 수료식을 통해 열심히 참여한 또래상담자를 격려한다.
- 이후 또래상담자의 활동 방법 및 추수활동에 대해 안내한다.

2. 준비물

수료증, 선물, 다과, 〈활동지 10-1〉 프로그램 요약, 〈활동지 10-2〉 프로그램 평가지

3. 내용

- 프로그램 요약 및 평가
- 수료증 수여식 및 축하 파티

4. 세부 진행 절차

1) 프로그램 요약 및 평가

(1) 〈활동지 10-1〉 프로그램 요약으로 지금까지 배웠던 내용을 정리해 본다.

① 집단원들과 함께 읽거나 돌아가면서 읽도록 하는 등 전체적인 마무리를 하는 분위기를 조성한다.

② 그동안 프로그램을 진행하면서 집단에서 있었던 재밌는 에피소드 등을 회고하는 것도 도움이 된다.

(2) 〈활동지 10-2〉 프로그램 평가지를 나눠 주고, 작성하도록 한다.

(3) 또래상담 일지 작성, 슈퍼비전 등 추수활동에 대해 안내한다.

〈활동지 10-1〉 프로그램 요약

그동안 배운 내용들을 한 페이지로 정리해 볼까요?

- **잘 들어주기**

1. 가까이 말하는 사람을 향한다.
2. 이야기를 들을 때 지긋이 시선을 맞춘다.
3. 이야기 듣는 도중에 '음' '맞아' '그래' 등 짧게 동의하는 말을 해 주고 고개를 끄덕인다.

- **어기역차 전략**

어: 어떤 이야기인지 잘 들어줍니다.
기: 기분을 이해해 줍니다.
역: 역지사지(공감)해 봅니다.
차: 생각의 차이가 있음을 인정합니다.

- **Stop! 릴랙스~릴랙스~**

1. 우선 마음속으로 'Stop!'을 외치며 나의 감정이나 행동을 일단 멈춘다.
2. 무조건 그 자리를 피한다.
3. 마음속으로 '릴랙스~릴랙스~' 하면서 내가 지금 할 말이나 행동을 한 번 더 생각해 본다.

- **원무지계 전략**

원: 원하는 것이 무엇인지 파악한다.
무: 무엇을 해 봤는지 확인한다.
지: 지금부터 무엇을 해야 할지 찾아본다.
계: 계획을 세워 보자.

〈활동지 10-2〉 프로그램 평가지

이름: ______________

벌써 마쳐야 할 시간이 되었네요.
그동안 여러 프로그램에 참여하느라 애 많이 썼어요.
수고한 우리 모두를 위해서 박수!!!

- 프로그램에 대한 소감을 적어 보세요. 소감을 구체적이고 자세하게 적을수록 다른 친구들에게 더 좋은 프로그램을 제공할 수 있는 밑거름이 됩니다.

- 특히 도움이 되었던 프로그램이나 기억에 남는 프로그램은 어떤 것이 있나요? 그 이유는?

- 프로그램 중에 아쉬웠던 점이나 다음에는 수정되기를 바라는 점이 있다면?

2) 수료증 수여식 및 축하 파티

(1) 수료증 수여식

① 〈참고자료 10-1〉에 따라 수료증을 미리 제작하여 수료식 때 집단원들에게 수여한다.

② 이때 가능하면 사전에 요청하여 학교관리자가 직접 수여하는 공식적인 행사가 될 수 있으면 좋다. 이는 또래상담자들에게 자긍심을 줄 수 있을 뿐 아니라 차후 또래상담 활동에도 자신감을 줄 수 있는 밑거름이 될 수 있다.

③ ppt를 활용하여 회기마다 촬영한 사진들을 편집하여 음악과 함께 영상자료를 제작해 보여 주면 수료식의 분위기를 북돋울 수 있다.

(2) 축하 파티

간단한 다과를 준비해 함께 나누면서 수료를 축하하고 모임을 마무리한다.

〈참고자료 10-1〉 수료증

또래상담 훈련 수료증

수료증번호:

성 명: 주민등록번호:

훈련기간: 년 월 일 ~ 년 월 일

위의 사람은 다가가는 상담자, 대화하는 상담자, 도움 주는 상담자가 되기 위한 또래상담 훈련과정을 이수하였으므로 이 증서를 드립니다.

년 월 일

○ ○ ○ ○ 학교장

5 향후 과제

소년원 또래상담은 아직 시도단계이기 때문에 고려해야 할 과업들이 많다. 소년원 또래상담은 소년원이라는 특수한 장소에서 특정 대상 청소년들을 돕기 위해 시도되는 다양한 프로그램 중 하나다. 또래상담이 소년원 학생들의 인성 함양과 재범 방지에 가장 효과적인 것인지, 아니면 가장 효과적인 프로그램은 아니더라도 여타 효과적인 프로그램 중 하나인지는 아직 확인되지 않았다. 이를 목표로 또래상담이 소년원에 본격 적용되거나, 적용 후 효과검증이 이루어진 것도 아니다. 다만 다양한 프로그램 중 하나로 일부 소년원에서 시도되고 있을 뿐이다.

첫 시도라는 점에서 또래상담을 소년원에서 적용하고자 하는 전문가들은 다음과 같은 질문에 민감할 필요가 있다.

- 법무부 정책 입안자들이 소년원에서 또래상담을 활용하

고자 하는 목적은 무엇인가?

- 소년원에서 또래상담자는 누구인가?
- 소년원에서 또래상담자를 지도하는 전문가는 누구인가? 또는 누구여야 하는가?
- 전문가는 어떤 목적을 달성하기 위해서 또래상담자를 양성하여 활동하도록 해야 하는가?
- 소년원 또래상담자들은 어떤 활동을 할 수 있는가? (전문가가 기대하는 '하고자 하는 것'과 '실제 할 수 있는 일'에 차이가 있는가?)
- 소년원에서 또래상담자들은 어떤 방법으로 또래를 조력할 수 있는가?
- 또래상담자들의 활동이 자신들에게 가져다주는 '이득'이나 '의미'는 무엇이어야 하는가?
- 소년원 또래상담자들을 통해 얻고자 하는 효과는 무엇인가?
- 효과는 어떤 연구설계, 연구도구를 통해 검증될 수 있는가?
- 보다 근원적인 질문: 소년원에서 또래상담 활용이 적절한 것인가?

아마도 이와 같은 질문들에 답하는 것이 향후 과제가 될 것이다. 이 책에서는 처음 저술되는 소년원 또래상담이라는 점을 고려하여, 구체적인 질문에 대한 답을 중심으로 향후 과제를 기술하기보다는, 개략적인 수준에서 향후 지향되어야 할 몇 가지를 기술하고자 한다.

1. 소년원 내에서 또래상담 활동을 제도적으로 수용

무엇보다 소년원 내에서 또래상담 활동이 잘 이루어지도록 하기 위해서는 또래상담 운영이 제도적으로 수용되어야 한다. 소년원이라는 특수 환경에서 제도적으로 수용되지 않은 프로그램이 운영될 수 없을 뿐만 아니라, 설령 운영된다고 하더라도 마치 '인성교육'처럼 제한적으로 적용될 수밖에 없다.

법무부 차원에서 소년원을 통해 달성하고자 하는 목표는 '재범방지'와 '성공적인 사회복귀'에 있다고 할 수 있다. 소년원에 입원한 청소년을 잘 지도하여 범죄와의 연결고리를 끊고 다시는 입원하지 않도록 하는 것이 일차적인 목표다. 재입원을 하지 않도록 하기 위해서는 스스로 자기 삶을 개척해 갈 수 있도록 자립하고자 하는 의지를 키워 주어 이 의지와 직업이 연결되게 하고, 결국 성공적인 사회복귀로 이어지도록 하는 것이 장기적인 목표가 될 것이다.

소년원에서는 재범방지와 자립 및 자활을 지원하기 위하여 다양한 교육과정과 프로그램을 적용하고 있다. 2000년 이후 법무행정의 혁신적인 변화로 기존의 고압적이고 일방적이던 지도 방법을, 입원한 청소년 중심으로 전환하는 것을 꾀하고 있으며 상당한 효과를 이룬 것으로 알려져 있다. 소년원 입원생들은 매년 감소하고 있고, 법무부에서는 소년원 시설 중 일부를 '청소년비행예방센터'로 전환함으로써 보호에서 예방으로 적극적인 사업을 전개하고 있다.

하지만 청소년 한 사람 한 사람의 개별적 변화를 깊이 있게 다루는 데는 여전히 어려움이 따를 수밖에 없다. 인력을 충원하여 개별적인 개입을 확충할 수도 있겠으나 이것은 현실적으로 가능한 일은 아니다. 또래상담은 그 빈 공간을 메워 줄 중요한 전략 중 하나로 활용될 수 있다.

법무부 차원에서 또래상담을 재범 예방 및 소년원 내 돕는 문화 정착을 위한 전략으로 선택한다면 목적 달성에 상당한 효과를 가져올 수 있을 것으로 보인다. 그런데 이렇게 전략으로 선택하기 위해서는 무엇보다 또래상담을 소년원생들을 위한 정책으로 제도화할 필요가 있다. 그렇게 된다면 우선 원내에서 또래상담을 담당한 지도 교사를 지정할 수 있을 것이다. 또래상담 지도교사는 다음과 같은 역할을 수행할 것이다.

1) 또래상담자 선발

소년원 반장(현 또래도우미) 수급 현황을 파악하여 적정 수의 차기 또래상담자를 정해야 한다. 그래야 또래상담자 수급에 차질이 없게 된다. 또래상담 지도교사는 담임교사와 의논하여 또래상담자로 적합한 대상자를 사전에 물색해 두는 일도 수행해야 한다.

2) 또래상담자 훈련

또래상담자 후보에 대해 훈련을 실시한다. 이때 지도교사는 외부 전문기관의 상담전문가로부터 도움을 받을 수도 있다. 또래상담자 수급과 관련하여 적정 수의 또래상담자를 훈련하는 것이 필요하다.

3) 또래상담자 활동 관리

또래상담자의 활동에 대하여 정기적으로 슈퍼비전을 제공한다. 주 2회 정도가 적합하다고 여겨지지만, 경우에 따라서는 여건이 허락한다면 매일 일정 시간에 짧은 만남의 시간을 만들어 매일 슈퍼비전을 제공할 수도 있을 것이다.

4) 또래상담자 인적 관리

또래상담자를 관리해 주는 일도 중요하다. 또래상담자의 상담자 역할을 지도교사가 해야 하고, 또래상담자의 진로나 사회적응 등의 문제를 다루어 주어야 한다. 또한 또래상담 활동에 대한 적절한 보상체계를 마련하는 일도 필요하다.

5) 또래상담 정책 전반에 대한 연구와 네트워크 관리

또래상담이 소년원 내에서 소년보호정책으로 수행될 수

있도록 활동에 대한 다양한 연구를 수행하는 것이 필요하다. 또래상담 실적 관리 및 분석, 또래상담자 활동의 효과, 소년원생의 재범 및 사회적응 현황 분석, 효율적인 또래상담반 운영을 위한 제도화 연구 등 다양한 주제가 다루어질 수 있을 것이다.

또한 지도교사는 또래상담 운영의 효과를 극대화하기 위하여 소년원이 위치해 있는 지역의 상담전문기관, 정신보건전문기관, 대학의 심리학과, 교육학과, 사회복지학과 전공 교수, 지역 내 타 부처 관련 기관 등의 전문가들과 네트워크를 형성하고 자원을 끌어올 필요가 있다. 이런 네트워크 관리는 또래상담 프로그램이 소년원에서 원활하게 적응되도록 할 뿐 아니라, 퇴원 이후 사후관리 및 사회적응으로의 연계를 위해 필요한 활동이다.

또래상담이 소년원에 제도화된다면 또래상담 지도교사 지정 외에 또래상담자가 활동할 수 있는 상담실 설치가 필요하다. 또래상담자의 활동 내용들이 보관 관리되고, 또래상담자들이 정기적으로 모여 슈퍼비전을 받으며, 또래상담뿐 아니라 비행예방센터와의 사업 연계 등의 용도로 사용될 수 있을 것이다. 원내 상담실은 사무실, 개별상담실, 집단상담실 겸 집단회의실 등을 갖추는 것이 필요하며, 공간은 쾌적하고 따뜻한 느낌이 들도록 벽지와 장식 등을 고려할 필요가 있다.

2. 또래상담자의 조력활동에 대한 매뉴얼 개발

또래상담자의 활동이 효율적이도록 하기 위해서는 활동에 대한 매뉴얼이 개발되어야 한다. 표준화된 매뉴얼은 다양한 사람들이 편차를 가지고 활동하는 상황에서 더욱 유용한데, 소년원내 또래상담자도 그 한 예가 될 것이다. 앞의 2장에서도 자세히 언급하였지만, 또래상담자로 임명하더라도 사실 개개인의 수준 차이가 매우 크다. 그럼에도 소년원에서 또래상담은 비슷한 활동을 수행하도록 해야 하고, 그 효과 역시 비슷하도록 조정할 필요가 있다. 표준화된 매뉴얼이 극도의 효과를 발휘한 예가 '맥도날드'다. 맥도날드는 세계 어느 나라 매장에서든 똑같은 맛을 내기로 유명한데, 그 모든 것이 표준화된 매뉴얼에 명시되어 있기 때문이다. 그래서 맥도날드 창업자인 레이 크락은 사원 교육을 철저하게 시키기로 유명했으며, 이 교육과정은 전 세계 모든 매장에서 동일하게 진행되고 있다. 교육 매뉴얼이 얼마나 철저했던지 『파이낸셜 타임스』는 맥도날드 교육이 미국 육군의 교육을 능가할 정도라고 보도하기도 하였다(Dipietro, 2006).

표준화된 매뉴얼은 또래상담자의 조력활동이 어떤 절차를 거쳐 전개되어야 하고, 반드시 해야 할 업무가 무엇인지를 포함해야 한다. 예를 들면, 다음과 같은 내용들이 고려될 필요가 있다.

- 또래상담자 활동 절차
- 또래상담자의 조력활동과 조력활동이 아닌 것
- 또래상담자 조력활동 각론: 생활안내, 생활적응 조력, 정서적 지지, 검정고시 및 자격증 취득 등 학업 지원, 친구 만들기 안내, 갈등 중재 방법, 진로 및 취업 도우미 등

표준화된 매뉴얼은 각 소년원의 교육방향과 교육내용, 그리고 지역적 특성 등을 고려하여 제작할 필요가 있으며, 소년원의 특성에 맞는 다양하고 세부적인 내용들이 포함되어야 할 것이다.

3. 소년원 특성에 맞는 운영 방안 마련

현재 또래상담 운영에 대한 소개는 대부분 일반 학교나 기업에서의 운영을 전제하고 제작된 것들이다. 또래상담자 훈련 프로그램 역시 마찬가지다. 이 책에서 소개하고 있는 소년원 또래상담자 훈련 프로그램이 유일한 프로그램이다. 하지만 이것은 일반적인 양성 프로그램이고, 특정한 목적을 가진 프로그램들이 얼마든지 개발되어 적용될 필요가 있다. 여하튼 훈련 프로그램을 포함하여 소년원 특성에 맞는 운영 방안이 마련되는 것이 필요하다. 이는 소년원에서 또래상담이 지속적으로 적용되어 소년보호 정책에서 지향하는 미션과 비전을 달성하도록 하는 데 도움을 줄 것이다.

4. 프로그램 업그레이드

이 책에서 소개하고 있는 프로그램은 일종의 '소년원 또래상담자 양성 기본프로그램'이라고 할 수 있다. 앞의 3절에서도 언급하였지만 기본프로그램 이외에 특정 목표를 달성할 프로그램 마련이 필요하다.

예를 들어, 재범방지에 초점을 둔 프로그램이 필요하다면 또래상담자 자신뿐 아니라, 원내 많은 청소년들에게 어떤 영향을 미쳐서 재범을 방지할 것인지를 지향하는 프로그램을 개발하여야 한다. 그러기 위해서는 실제 재범방지를 위해 필요한 어떤 요소들을 활동의 최소단위로 정할 것인지에 대한 검토가 필요하고, 실제로 어떤 요소들이 재범방지에 영향을 미칠 수 있는지에 대한 점검이 필요하다. 그리고 역으로 프로그램을 통해 재범방지가 얼마나 효과적으로 나타났는지를 검증하고, 그 결과를 토대로 어떤 단위 프로그램이 더 효과적이었는지를 검증하여 프로그램을 점차로 업그레이드하는 노력이 필요하다.

비단 재범방지뿐만 아니라 진로개발, 취업 및 적응, 부적응 극복 등 다양한 목표를 지향하는 프로그램이 개발되는 것이 필요하며 이를 위해서 다양한 수준의 연구가 진행되어야 할 것이다.

5. 또래상담 전문가 양성

소년원에서의 또래상담은 제도화를 통해 현장에 정착되게 할 수 있으나 사실 제도화만으로는 부족하다. 물론 제도화하면 다양한 내용들이 제도 내에 포함될 수 있겠으나, 그 제도화 자체를 이끌어내는 것은 프로그램이 아니라 사람이다. 흔히 '누가 한 명 있느냐에 따라 사업이 번성하기도 하고 망하기도 한다.'라는 이야기가 있는데 매우 적절한 표현이라고 생각된다. 물론 사람에게만 오로지 종속되어서는 또 다른 한계를 드러내기 때문에, 제도화라는 장치를 통해 영향을 미치는 요소에 따라 프로그램이 크게 좌지우지되는 것을 예방하고자 하는 것도 틀리지는 않다. 여하튼 또래상담은 제도화도 중요하지만, 그 프로그램을 제대로 운영하고 관리하는 것은 사람이라는 인식도 중요하다.

소년원에서 또래상담이 제대로 기능을 발휘하도록 하기 위해서는 소년원 또래상담 전문가 양성이 필요하다. 물론 하나의 프로그램으로 잠깐 활용하고자 한다면 거창하게 소년원 또래상담 전문가를 양성하는 일을 벌일 필요는 없을 것이다. 오히려 다른 기관의 전문가를 초청해서 강사로 활용하면 그만일 것이다.

하지만 법무부에서 또래상담을 통해 원내 돕는 문화를 활성화하여 적응능력과 진로개발을 촉진하고 궁극적으로 사회에의 적응과 재범방지를 달성하고자 한다면, 그래서 원에 머문

청소년들이 이 사회의 건강한 민주시민으로 성장해 가도록 기여하고자 한다면, 원내에 또래상담 전문가를 보유하는 것이 현명한 선택일 것이다.

|참고문헌|

권이종(1984). 사회교육과 청소년지도. 서울: 배영사
김명규(2001). 청소년 성범죄의 대책에 관한 연구. 부산외국어대학교 석사학위논문.
김숙영(1996). 비행청소년의 보호 및 교정실태. 서울: 한국청소년상담원
김준호 등(1994). 친구와 비행 간의 관계에 관한 연구. 한국정책연구소식, 178-179.
금명자, 장미경, 양미진, 이문희(2004). 청소년 또래상담. 서울: 한국청소년상담원
노성덕(2008). 현장상담시스템: 또래상담, 찾아가는 상담. 서울: 학지사
노성덕(2009). 학교 또래상담. 서울: 학지사
법무부(2007). 소년보호통계. 법무부 소년보호과.
보건복지가족부(2008). 아동·청소년백서. 보건복지가족부.
유성경 등(2000). 청소년 비행 예방 및 개입전략 개발을 위한 기초연구. 서울: 창지사
이관용, 김순화(1983). 대학에서의 동료카운슬링. 학생연구, 9(1), 18-29. 서울: 서울대학교 학생생활연구소
이상희, 노성덕, 이지은(2000). 초·중·고 단계별 또래상담 훈련 프로그램 개발연구. 서울: 한국청소년상담원
이상희, 노성덕, 이지은(2004). 또래상담. 서울: 학지사
이형득, 김정희(1983). Peer Group Counseling의 효과에 관한 연구. 지도상담, 8, 41-63. 대구: 계명대학교 학생생활연구소
장혁표(1986). 동료집단상담을 위한 훈련프로그램. 연구보, 22, 35-49. 부산: 부산대학교 학생생활연구소

장희주(1997). 자아강도 및 스트레스 대처방식과 청소년의 비행수준과의 관계연구. 서강대학교 교육대학원 석사학위논문.

지승희, 오혜영, 이자영, 백현주, 김병관(2007). 솔리언 또래상담 전문지도자 교육과정 개발연구. 서울: 한국청소년상담원

한국청소년상담원(1996). 비행청소년 상담프로그램 개발연구. 서울: 한국청소년상담원

홍경자, 김선남(1986). 또래상담자 경험이 또래상담자 자신의 자아실현도, 인간관계능력, 자기발표력의 향상에 미치는 효과. 학생생활연구, 18, 43-59. 광주: 전남대학교 학생생활연구소

Bernstein, J. Y., & Watson, M. W. (1997). Children who are targets of bullying: A victim pattern. *Journal of Interpersonal Violence, 12,* 483-498.

Cantwell, D. (1980). The treatment of minimal brain dysfunction. In G. Sholevar (Ed.), *Emotional Disorders in Children and Adolescents* (pp. 457-482). New York: SP Medical & Scientific Books.

Dipietro J. (2006). *You don't have to be perfect to be great.* DreamHouse Pub.

Frazer, J. G. (1996). *The Golden bough.* New York: Simon & Schuster.

Glueck, S., & Glueck, E. (1959). *Predicting delinquency and crime.* Cambridge, Mess: Harvard University Press.

Gottfredson, M., & Hirschi, T. (1990) *A General theory of crime.* Stanford University Press, England.

Graham, J. & Bowling, B. (1995) Young People and Crime. *Home Office Research Study,* No. 145. London: Home Office.

Kaplan, H. B., Smith, P. B., & Pokorny. A. D. (1979). Psychosocial antecedents of unwed motherhood among indigent adolescents; *Journal of Youth and Adolescence 8,* 181-207.

Olweus, D. (1996). *Bullying at school: What we know and what we can do.* Oxford: Blackwell.

Patterson, C. J. (1992). Children of lesbian and gay parents. *Child development, 63,* 1025–1042

Rigby, K., & Slee, P. T.(1993). Dimensions of interpersonal relating among Australian school children and their implications for psychological well-being. *Journal of Social Psychology, 133*(1), 33–42.

Schalling, D. (1978). Psychopathic behavior: Personality and neuropsychology. In R. D. Hare & D. Schalling (Eds.), *Psychopathic behavior: Approaches to research.* Chichester, England: Wiley.

Walklate, S. (2003). *Understanding Criminology; Current Theoretical Debates* (2nd edition). Maidenhead: Open University Press.

Weiner, H. (1982). The prospects for psychosomatic medicine: Selected topics. *Psychosom. Med. 44,* 488–517.

|찾아보기|

인명

내용

저자 소개

■ **노성덕**

현재 · 한국청소년상담원 조교수, 서울교육대학교 및 숙명여자대학교 강의교수
학력 · 서울대학교 교육학박사(상담전공)
자격 · 청소년상담사 1급(문화관광부), 전문상담사 1급(한국상담학회)
경력 · 안양시청소년상담센터 소장, 서울대학교 BK21사업단 연구원
저서 · 또래상담(공저, 학지사, 2004)
청소년비행 및 약물중독상담(공저, 학지사, 2005)
상담기관의 카운슬러되기(공역, 시그마프레스, 2008)
찾아가는 상담(학지사, 2008)
학교 또래상담(학지사, 2009)

■ **정지연**

현재 · 남양주시청소년지원센터 소장, 세계사이버대학 강의교수
학력 · 한양대학교 교육학석사(상담전공)
자격 · 청소년상담사 1급(보건복지가족부), 상담심리사 2급(한국상담심리학회),
또래상담전문지도자(한국청소년상담원)
경력 · 안양시청소년상담센터 팀장, 인천광역시청소년상담지원센터 상담원

■ **명선희**

현재 · 법무부 서울소년원 보호주사
학력 · 하와이퍼시픽유니버시티 행정학석사(HRM전공)
자격 · 상담교사(교육부), 또래상담지도자(한국청소년상담원)
경력 · 법무부 상담교사

■ **김병관**

현재 · 한국청소년상담원 상담원
학력 · 서울대학교 교육학석사(상담전공)
자격 · 전문상담사 2급(한국상담학회), 또래상담전문지도자(한국청소년상담원)
경력 · 안양시청소년상담센터 외래상담원

상담학 Best Practice 시리즈-상담 프로그램 영역 6

소년원 또래상담 프로그램

2010년 1월 15일 1판 1쇄 인쇄
2010년 1월 20일 1판 1쇄 발행

지은이 • 노성덕 · 정지연 · 명선희 · 김병관
펴낸이 • 김진환
펴낸곳 • (주) 학지사
121-837 서울특별시 마포구 서교동 352-29 마인드월드빌딩 5층
대표전화 • 02)330-5114　　팩스 • 02)324-2345
등록번호 • 제313-2006-000265호

홈페이지 • http://www.hakjisa.co.kr
커뮤니티 • http://cafe.naver.com/hakjisa

ISBN 978-89-6330-295-9　93180

정가 10,000원